CEIBS | 中欧经管图书

Selected Cases of Business Trends and Technological Innovation

商业趋势与科技创新案例集

朱晓明　编著

復旦大學出版社

序　一

中欧国际工商学院中方院长、管理学教授
李铭俊博士

创新驱动是大势所趋

“创新驱动是大势所趋”，这是朱晓明教授时常说的一句话。如今，创新已经成为综合国力的关键支撑和社会生产的强大引擎。当社会逐步进入“万物互联”的时代，新技术、新产品、新商业模式层出不穷。一方面，无数机会催人奋进；另一方面，人们又可能迷失在创新的十字路口。如何在瞬息万变的世界里洞悉未来、精准出击，这需要敏锐的商业和技术洞察力。

长期以来，朱晓明教授在繁忙的行政工作之余致力于创新领域的前沿探索。他是中欧的“全天候院长和教授”，他的工作时间不分上班下班、工作日抑或节假日。他内容翔实、充满激情的授课，也令他成为中欧人气最高的教授之一。在继《支付革命》《精准创新》《数字化时代的十大商业趋势》等专著、译著之后，朱晓明教授又推出了这本凝聚了中国本土企业创新经验成果的案例集。其中的许多案例，例如《思路迪：抗肿瘤个体化精准药物研发平台》《阿里：十年金融路》《应势而变：高德地图的“自主导航”》，以及《数字化时代的中国工商银行》等，都是朱晓明教授近两三年来在课堂案例教学中一直援引并持续更新、提炼的经典案例。其中一以贯之的是在大数据、云计算、平台经济和移动互联网发展大背景下之一产、二产和三产的创业和创新之道。书中除了鲜活的案例复盘，更配以相关领域学者和EMBA学员的解读和点评，从多个视角引导读者深层次地思考案例的内涵，大有裨益。

我很欣慰地看到，中欧作为领跑中国管理教育二十年的商学院，在历任学院领导和全体师生员工的努力下，始终保持了在“中国深度，全球广度”的目标之下的开拓和创新精神。在中国企业面向未来的创新道路上，中欧将与大家同行。

是为序。

2015年10月于中欧国际工商学院

序　二

中欧国际工商学院欧方院长、成为基金创业学教席教授
佩德罗·雷诺 (Pedro Nueno)博士

中国企业创新案例研究迈出的重要一步

本案例集收录了朱晓明博士为中欧国际工商学院学员教授数字化互联网时代的“商业趋势与科技创新”课程而配写的中国企业的实践案例，这在构建高质量的中国企业创新研究方面迈出了重要一步。

案例教学一直是复杂的教学模式。管理学大师彼得·德鲁克(Peter Drucker)推崇管理学教授应该开发自己的理论框架来解决自己所感兴趣的实际管理问题。案例既是将真实世界带入课堂的载体，同时也是发展应用型管理新知的一种途径。

在中国，中欧国际工商学院不遗余力地倡导案例写作，并在本学院开设于世界各地的各类课程中使用这些案例。我们主张管理学科是一门全球性学科，无论在美国课堂、欧洲课堂，还是中国课堂，这门学科均须相同。这就意味着全球商学院应该讨论发生在欧洲、美国、中国，或是世界上其他各地各

类管理问题的案例。

本书旨在填补世界企业界、管理学界对中国的浓厚兴趣同中国创新案例有限的数量之间的差距。另外，在移动互联迅猛发展的背景下，中国掀起一股“大众创业，万众创新”的大潮，不同企业面临转型难题和众多经营模式变迁带来的不曾面临过的实际问题。朱晓明教授这些案例的新鲜出炉，为这些企业带来了很好的示范和问题解读。

如果没有来自不同企业的管理者的慷慨协作，要完成本书辑录的这些案例是不可能的。这些管理者奉献出宝贵时间，并为案例作者提供各类相关信息。通过这样的协作，这些企业与案例作者、此书出版者分享了他们最为宝贵的贡献所产生的价值。另外，我们要对中欧参与此书点评的 EMBA 学生以及众多其他院校的创新、创业教授表示敬意，他们对于案例的解读拉近了案例作者与读者之间的距离。

2015 年 9 月于中欧国际工商学院

英文原文

Case Researching: An Important Step Ahead for Chinese Business Innovation

Written by Dr. Zhu Xiaoming, this book of cases on innovation practices of Chinese companies in the digital era is another important step forward in the process of building a strong base of knowledge on research of Chinese innovation in China.

Teaching by the case method is complex. Peter Drucker, the leading philosopher in the field of management, proposed that management professors should develop frameworks to address professionally the management issues of their interest. Cases become the vehicle to bring the real world to the classroom and practice the application of those frameworks. This is a method that can help a lot to develop new management applicable knowledge.

CEIBS pioneered in China a relevant effort in case writing as well as in the use of cases in all the portfolio of programs the school offers around the world. We can argue that management is a global discipline, and that what happens inside a classroom in America, in Europe or in China, must therefore be very similar. This means that business schools around the world should discuss cases on issues that happen in Europe, in America, in China, or in other relevant areas of the world.

The objective of this book is to contribute to fill the gap between the interest of the world's management community in China and the limited availability of cases on innovation issues in China. Moreover, in the background of the fast development of mobile internet, China sets off a wave of popular entrepreneurship and innovation and many companies would face the difficulties of transformation and business model changing. The publication of this book is a good reference for their problems' resolving.

These cases would have not been possible without the generous collaboration of the management of the different companies involved. They dedicated time to and shared information with the case writers. By doing this, these companies share with the case writers and the publishers of the book the merits of this most needed contribution. Meanwhile, we will also thank all the professors and alumnus wrote brilliant comments for our cases whose dedicated work has narrowed the distance between the case authors and the reader.

Professor Pedro Nueno
Executive President
China Europe International Business School Sep, 2015

自　序

中欧国际工商学院管理学教授、原院长(2006.6—2015.3)
朱晓明博士

爬梳剔抉，础润而雨，历久弥新

2014—2015年之交，译著《精准创新》与专著《数字化时代的十大商业趋势》出版了。我常以这两本书为主线，为中欧国际工商学院EMBA、FMBA(金融MBA)开设两天的课程——“商业趋势与科技创新”。学生们喜欢这门课，而且主动配合我编写案例。在中欧五年全职教授的经历，让我在疾笔著书、编制课程的同时，重视案例的择题、调研与撰文。

2015—2016年之交，我的这本《科技创新与商业趋势案例集》出版了。一个月前，当我看到清样时，不由自主地提笔写下了这篇自序，旨在让读者明了：(1) **爬梳剔抉**揭示的是十大商业趋势有其严谨的构架逻辑；(2) **础润而雨**寓意的是科技创新有其丰润的前瞻价值；(3) **历久弥新**既是课堂教学与学术研究的高远目标，也是案例教学的高远目标。

（一）爬 梳 剔 抉

爬梳剔抉一词出自《宋史·律历志》，如今解释为“选择，整理”。

在数字化互联网时代，用户思维、迭代思维、平台思维、免费思维、分享思维大行其道；开放包容、去结构化、去中间化兴起勃发；车库文化、咖啡馆文化、草根文化此起彼伏。

在这些纷繁芜杂的商业趋势中，哪些才是根本的、深层次的、提纲挈领的？依我之见，通过抽丝剥茧、爬梳剔抉，您将彻悟商业趋势有着严谨的架构逻辑：在《数字化时代的十大商业趋势》一书中，趋势一至趋势四，即“大、云、平、移”，是基础设施变化的趋势；趋势五“软件定义一切”是生产力变化的趋势；趋势六“外包、众包”是生产组织变化的趋势；趋势七“需求驱动”是经济驱动方式变化的趋势；趋势八“长尾经济”是市场竞争格局变化的趋势；趋势九“数字金融”是金融服务主体、金融服务技术变化的趋势；趋势十“协同”是运营模式变化的趋势。

您要在市场搏击中骁勇善战、见招拆招，本案例集中的案例五《阿里：十年金融路》和案例六《应势而变：高德地图的“自主导航”》值得细细一读。

数字化互联网时代，“未来趋势”强过“原有优势”成了常态，这让那些固步自封、囿于狭小躯壳中的守旧者们悔恨自己还未及“SWOT”分析，就自叹“是我 OUT 了”！

（二）础 润 而 雨

础润而雨一词出自西汉刘安的《淮南子·说林训》：“山云蒸，柱础润”，意即柱子的基石润湿了，就是要下雨的征候。如今比喻见到一点迹象，就能知道它的发展方向。

商业重启的大门从来没有像今天这样敞开过。时下,科技预测显得十分珍贵。世界著名科技咨询公司 Gartner 每年都会发布技术成熟度曲线(Hype Cycle),凭借全球科技前沿的发展迹象向世人昭示科技发展的方向。

本案例集中的那些企业家体验了础润而雨的意味深长。案例一《思路迪:抗肿瘤个体化精准药物研发平台》、案例二《微平台,大创新:微信打造创新生态》、案例三《上海通用:通往智能制造的路》、案例四《机器人也能养鸡?——正大打造四位一体模式实现产业化养鸡》、案例七《数字化时代的中国工商银行》等,见证了“谁能占领科技创新的先机并持续创新,谁就能获取久盛不衰的动力”这一原理。

从编撰单个案例发展到编制案例数据库,是我们案例教学中的一种新的尝试。在教授科技创新这一课程时,我把 Hype Cycle 的五个周期——技术萌芽期、期望膨胀期、泡沫破裂期、稳步爬升期、生产高峰期与 IPO 的五个节点——天使轮投资、A 轮融资、B/C/D 轮融资、Pre-IPO、IPO 组合起来,形成了“5×5 表”。很多同学认为:(1) 他们的创业过程都曾处在这“5×5 表”某一个或某几个 section 中,对“5×5 表”有相见恨晚的感觉;(2) 创业者在创业之初就应该通过培训等方式,深刻领会“5×5 表”的重要性,但凡创业投资,都要把项目的评估前移到科技创新这个环节,倘若错失对科技创新的认知,也许会输在创业的起跑线上;(3)“5×5 表”是一个具有高应用价值的“创业创新投资指南”,一些行业协会、咨询公司、投资银行告诉我们,他们有兴趣与中欧商学院合作,丰富“5×5 表”的案例数据库,回赠给广大投资者与企业家。

(三) 历久弥新

这两年来,我们正在探索从纸质案例的编撰走向音视频融合、图文并茂的案例编制，这需要教授熟谙新媒体技术，实现从教授到“教授＋编导”的华丽转身。比如，前不久我们为FMBA授课的时候，曾经用3ds Max制作了“6M竞争力钻石模型”，进行案例教育，收效甚好。建议教授们可以采用iMovie、Final Cut Pro、Premiere、Flash、Screen Flow等软件，编制可视化的新型案例。

十分荣幸，《精准创新》已被列为《解放日报》2015年推荐书单的十本书之一，《数字化时代十大商业趋势》已荣获第四届中国大学出版社图书奖优秀学术著作一等奖。不过我们始终认为，授课与研究不可弃离案例教学，因为前者只有不断吮吸后者的鲜活养份，才能**历久弥新**。

* * *

在本书的自序中，我要深深地叩谢与我长期合作的中欧案例中心的编写者们，感谢提供精彩点评的教授及中欧校友们，并向李铭俊院长、雷诺院长挥毫作序致以崇高的敬意！

一个千帆尽渡、万马奔腾的时代已经拉开了帷幕，数字化互联网时代让每个人的梦想沐浴希望的阳光。无论是企业家，还是教育家；无论是案例中的事与人，还是案例的编撰人；无论是与瞬息万变的商业趋势同行，还是与疾驰而过的科技创新并肩，锐意进取比什么都重要，因为只有不懈地超越超越者并超越自我，才能直面“未知大于已知”的人类历史，义无反顾地去创造知识，创造世界。

2015年10月于中欧国际工商学院上海校园

Contents
目录

案例一
思路迪：抗肿瘤个体化精准药物研发平台*

2010年，毕业于中科院上海生化所的熊磊博士，中断了他在瑞士苏黎世大学的博士后工作，与其他五名高学历人才一同创立思路迪，意在彻底改变抗肿瘤药物研发的低有效率与低通过率现状，以及临床肿瘤治疗有效率低的局面。而在思路迪总部所在的上海漕河泾高新技术开发区，140多家生物医药领域的创业者们正在规划事业蓝图，截至2014年5月，已经获得两轮融资的思路迪如何才能实现预期业绩？为了克服新兴产业中的种种创新风险，思路迪应当如何布局人才、市场、资本运营与政策导向，成功应对企业成长期的种种挑战？

抗肿瘤药物研发概况

恶性肿瘤（俗称癌症）是严重危害人类健康的重大疾病。2011年全球统计数据显示，每年因恶性肿瘤造成的死亡人数约占全球总死亡人数的13%[①]。而据

---

* 本案例由中欧国际工商学院朱晓明教授、兼职案例研究员宋彦博和研究助理倪英子根据调研资料撰写。案例开发过程中得到了思路迪公司的支持。该案例目的是用来做课堂讨论的题材，而非说明案例所述公司管理是否有效。

① Jemal, A., Bray, F., Center MM et al., "Global Cancer Statistics", *Oncology & Radiotherapy*, February 2011.

《中国肿瘤登记年报》统计，2010 年中国恶性肿瘤新发病例约为 309.3 万例，恶性肿瘤死亡病例约为 195.6 万例。按照中国人均寿命 74 岁计算，一生中罹患恶性肿瘤的累积机率高达 22%①。肿瘤的防治已成为现代人不可回避的问题。

随着全球肿瘤发病人数的增多，2010 年世界肿瘤治疗市场总规模已达 597 亿美元，约占全球处方药市场总份额的 10%②。但不可否认的是，恶性肿瘤依然难以根治。依靠手术切除肿瘤，术后的肿瘤转移、复发十分普遍；而传统的抗肿瘤药物，临床治疗有效率平均仅为 20%左右③。另一方面，各大制药厂商每年研发的抗肿瘤新药中，95.3%的药物因为有效率达不到美国食品药品监督管理局（FDA）的要求，而无法通过批准上市④，因此导致的研发投入损失每年高达数百亿美元⑤。

药物研发历史

虽然开发抗肿瘤药物的尝试在国内外文献中早有记载，但业界一般认为抗肿瘤药物的系统性研究是从 20 世纪 40 年代开始的（参见附录 1-1：抗肿瘤药物研发历程）。此后全球各地开始了抗肿瘤药物的实验探索，但这些研究还比较分散。直至 20 世纪 50 年代，美国国立癌症研究所（NCI）、欧洲肿瘤治疗协作组织（EORTC）等研究机构相继成立，大规模的肿瘤研究才得以展开⑥。随着分子肿瘤学的发展，人们发现细胞生长周期调控的失衡是细胞

---

① 陈万青：《2013 中国肿瘤登记年报》，中国肿瘤登记中心，2014 年 4 月 14 日。

② American Cancer Society, "Cancer Facts & Figures 2010", Atlanta: American Cancer Society, 2010.

③ DeSantis, C. E. et al., "Cancer Treatment and Survivorship Statistics, 2014", *CA Cancer J Clin*, 2014(64), pp. 252—271.

④ Bill Berkrot, "Success Rates for Experimental Drugs Falls: Study", *Reuters*, Feb. 14, 2011.

⑤ Pammolli, F., Magazzini, L., Riccaboni, M., "The Productivity Crisis in Pharmaceutical R&D", *Nat Rev Drug Discov*, 2011(10).

⑥ 毛开云、陈大明：《抗恶性肿瘤药物研发历程》，上海科学院上海科技查新咨询中心，2012 年 2 月 22 日。

癌变的重要原因。20 世纪七八十年代，临床中应用的抗肿瘤药物主要是通过干扰细胞的分裂过程而抑制肿瘤的增殖。但这种非特异性地阻断细胞分裂的传统细胞毒类药物，在杀死肿瘤细胞的同时也破坏了人体那些快速分裂的正常细胞，即使能有限延长患者数个月至数年的生命，但往往也带来极大的毒副作用。

在此之后，分子生物学和细胞生物学的快速发展，逐渐揭示了肿瘤细胞生长、增殖和调控的作用机制，揭示出恶性肿瘤是细胞发生基因突变后异常增殖的结果。基因，又被称为遗传因子，是指携带有遗传信息的 DNA 序列。基因通过指导蛋白质的合成来表达自己所携带的遗传信息，从而控制生物个体的性状表现。人体细胞的生长和死亡遵循一定规律，但当化学致癌物、辐射和病毒等致癌因素导致基因突变时，局部组织的细胞生长失去控制，异常增殖的结果就是形成肿瘤(参见附录 1-2：肿瘤发生机制简图)。

在此基础上，研究者们陆续发现了一些与肿瘤细胞分化、增殖和死亡相关的关键酶。将这些细胞信号转导通路的关键酶作为药物筛选靶点，可以特异性地抑制肿瘤生长并减少对正常细胞的作用，毒性相对较轻。因此，从 20 世纪 90 年代开始，抗肿瘤药物的研发重点基本从细胞毒类药物、广谱的细胞周期和 DNA 代谢抑制剂，转向更具特异性的细胞信号转导通路蛋白抑制剂[①]，即人们常说的“靶向药物”(参见附录 1-3：化疗药物与靶向药物作用机制)。靶向药物是针对可能导致细胞癌变的关键环节(主要是原癌基因)，从分子水平加以逆转，从而抑制肿瘤细胞生长，甚至使其完全消退，按照药物特点可以分为“小分子化合物”和“单克隆抗体”两类。

研发上市流程

2000 年前后，在传统的药物研发模式下，药物从最初的实验室研究到最

① 陆怡、陈大明、熊燕：《抗肿瘤药物的研发态势分析》，《生命科学》2012 年第 6 期。

终摆放到药柜销售，需要经历四个主要阶段（参见附录 1-4：现有药物研发和上市流程）。

首先是实验室阶段。制药公司需要确定治疗疾病目标和作用环节。并在选定靶点之后，建立生物学模型，以筛选和评价各种化合物。新化合物实体的发现方式多种多样，主要包括从植物或动物中提取、分子有机合成或分子改造等来源。经过筛选的化合物在得到优化后，需要进行体内外活性评价，循环反馈以获得优良的化合物，生成“候选药物”。

接下来是临床前试验阶段。由制药公司进行实验室和动物研究，以观察候选药物对肿瘤组织生物活性的作用，同时对药物进行安全性评估。这些试验大概需要大约三年时间①。在临床前试验完成后，公司要向 FDA 提出“研发中新药申请”（IND），获得批准后才能开始进行药物的人体试验②。

在人体临床试验阶段，按照规模和试验目标不同分为三期。Ⅰ期临床试验需要大约一年时间，由 10～100 例正常健康志愿者参加。这些试验主要研究药物的安全性，包括安全剂量范围；同时确定了抗肿瘤药物在体内的吸收、分布、代谢和排泄过程，以及药物的作用持续时间等。Ⅱ期临床试验需要大约两年时间，由 100～500 名肿瘤患者参与控制研究，以评价药物的疗效。Ⅲ期临床试验持续约三年时间，通常需要组织医院中的 400～5 000 名患者参与。医生通过对病患的监测，确定疗效和不良反应③。通过这三期临床试验，制药公司将分析所有试验数据。如果数据能够成功证明药物的安全性和有效性，公司将向 FDA 提出“新药应用申请”（IDA）。典型的新药申请资料有 10 万页甚至更多，一般审核周期长达 1～2 年。只有大约不到 10%的新药

---

① Moffat, J. G., Rudolph, J., Bailey, D., “Phenotypic Screening in Cancer Drug Discovery—Past, Present and Future”, *Nat Rev Drug Discov*, 2014(13), pp. 588-602.

② 邓哲明：《新药的开发流程概论》，《科学月刊》2013 年第 2 期。

③ U. S. Food and Drug Administration, “The Drug Development Process”（2015 年 6 月 24 日）, FDA, http://www.fda.gov/forpatients/approvals/drugs/default.htm，最后浏览日期 2015 年 10 月 27 日。

能通过批准得以上市。

新药上市之后，还要经过第四阶段的新药监视期。制药公司必须继续向FDA提交阶段性报告，包括所有不良反应报告和一些质量控制记录。FDA有可能要求某些药物做进一步研究，以评价药物的长期疗效。

根据罗氏公司的数据，药物从最初的实验室研究到最终摆放到药柜销售，平均要花费12年时间，历经6 587个实验、423个研究者参与，最后得到1种成功上市药物[①]，研发成本平均高达12亿美元[②]。全球处于活跃状态的在研新药中，处于临床前期和临床Ⅰ期阶段的，约三分之一为抗肿瘤产品[③]；但到了晚期开发阶段，这一比例逐步下降到9%（参见附录1-5：2013年抗肿瘤药物全球在研产品统计情况），抗肿瘤药物的研发难度可见一斑。

生物制药产业链

抗肿瘤药物产业链，从药物产品的形成过程来看，上游主要是关键技术创新和开发阶段，中游主要涉及"物质分离"和"产品加工"，下游则是营销策划、渠道建设和信息反馈等系统建设。由于抗肿瘤药物产品的技术含量高、实验室工作量大，因此前期研发投入较高，而直接生产成本却非常低。制药巨头的研发机构和生物技术公司成为整个产业链的核心[④]。

由于投资和风险巨大，跨国制药巨头之间、生物技术公司和制药公司之间，多以结盟方式联合投资。常用的一种形式是由技术力量雄厚的专家型小生物技术公司进行技术开发与创新，通过合作开发，获得生物药品的生产技

---

① Roche, "From Idea to Medicine——Drug Development at Roche", *Roche Global*, January 2, 2013.

② Steven M. Paul et al., "How to Improve R&D Productivity: the Pharmaceutical Industry's Grand Challenge", *Nature Reviews Drug Discovery*, March 2010.

③ IMS Institute, "Global Oncology Trend Report: Innovation in Cancer Care and Implications for Health Systems", *IMS Reports*, May 2014.

④ 汪波：《中国生物制药产业竞争力研究》，上海财经大学出版社2010年版。

术或生产权。另一种是制药公司利用委托外包(CRO),将技术性强的研究开发内容分包给具有研究实力的小型公司完成,从而降低成本、实现专业化和高效率的运作。

全球市场潜力分析

由于抗肿瘤新药研发对企业的资金和技术要求极高,原创性新药多为大型跨国制药企业研制,如罗氏、诺华、阿斯利康、赛诺菲、辉瑞等。在2010年全球市场上,前十大抗肿瘤制药企业占据了81%的市场份额。其中,罗氏凭借其丰富的产品种类,在抗肿瘤药物排名前十的企业销售总额中占到42%[①]。

与此同时,大型跨国制药企业也在进一步加大研发投入。据美国药品研究和制造商协会(PhRMA)统计,2010年,美国生物制药公司的新药研发投入达674亿美元。其中,PhRMA会员企业的研发投入相比前一年上涨了6.5%;研发投入占销售总额的比例也上涨至20.5%。2010年之前的十年间,这一比例一直约为19%[②]。

中国市场潜力分析

据《中国医药市场发展蓝皮书》显示,2010年,中国医院用药总规模为4 520亿元,同比增长22.5%;药品零售市场规模约为1 739亿元,同比增长17%;社区医院市场和农村市场规模为1 297亿元,同比增长27.9%。由于人口结构老龄化、新医改"全民医保"以及国民综合支付能力的提高,中国有

---

① 李佩娟:《从全球抗肿瘤药物销售排名看未来行业竞争趋势》,《全球肿瘤快讯》2014年4月(总第110期)。

② "R&D Investment by U. S. Biopharmaceutical Companies Reached Record Levels in 2010", *PhRMA*, March 15, 2011.

望在2020年成为全球第二大药品市场[①]。

在中国巨大的市场潜力之下，跨国制药巨头不断加大在华投入。2007年3月，阿斯利康宣布于上海成立中国创新中心，致力于肿瘤领域的转化科学研究，包括开发一系列潜在产品以治疗肝癌、胃癌和肺癌等亚洲高发疾病[②]。同年10月，罗氏在上海成立药品开发中国中心，作为中国首个全功能临床药品开发中心，它具备了进行临床开发过程所需的全部功能，致力于与中国专家学者和专业人才协作开发创新治疗方案[③]。2008年10月，礼来宣布全球研发中国总部于上海正式成立，在进行科研管理和风险投资的同时，将积极探索与中国研发机构或科学专家的合作[④]。2009年4月，强生宣布，将位于上海的强生制药中国研发中心升格为亚太区研发中心，特别关注亚洲地区肿瘤、传染病和代谢性疾病的新药研发，并通过与各高校、研究机构构建协作网络，实现开放式创新模式[⑤]。同年11月，诺华也宣布将于未来五年增加约10亿美元的投资，在上海建立诺华中国生物医学研究中心，药物研发方向主要针对中国及亚洲地区高发的癌症（如胃癌、肝癌等）及肝病（如肝炎、肝纤维化等）[⑥]。

随着越来越多的跨国药企进入中国，本土制药厂商面临了更大的压力。由于国内药企规模偏小，研发资金投入不足，抗癌药物仍以仿制药为主，对进口抗癌新药的竞争力有限。中国工程院院士、中国科学院上海药物研究所所长丁健表示，国外药企销售收入的20%左右能投入新药研发上，国内则平均不到2%[⑦]。原因一方面在于，药品定价调控降低了本土医

① 国家食品药品监管局南方医药经济研究所：《2010年度中国医药市场发展蓝皮书》，2010年10月29日。

② 施捷：《“阿斯利康”投巨资在沪建“创新中心”》，《新民晚报》，2007年3月23日。

③ 余德：《罗氏成立中国首个全功能药品开发中心》，《经济观察报》，2010年10月31日。

④ 朱琼：《礼来：特立独行的研发》，《中欧商业评论》2009年第7期。

⑤ 杨瑾：《强生制药研发中心落户上海，成为亚洲区研发总部》，《科技日报》，2009年4月23日。

⑥ 徐惠喜：《诺华投入10亿美元建设中国最大的医药研发中心》，《经济日报》，2009年11月24日。

⑦ 刘畅：《丁健：抗癌药物研发缺失“中国创造”》，《中国科学报》，2012年6月12日。

药企业的利润，使其无法承担高额的研发经费和巨大风险；另一方面，新药的审评速度过慢，也影响了本土制药厂商的竞争力。总之，技术能力相对不足、产业发展滞后等因素制约着中国本土制药企业的新药研发能力；即使是仿制药研发，质量与国际先进水平也存在较大差距。针对这一现状，国家食品及药品监管总局从2013年7月开始，逐步开展完成75个仿制药的一致性评价，目标是全面提升药品的质量和安全标准①。随着仿制药质量一致性评价、鼓励首仿药等政策的出台，一批质量低下、重复率高的仿制药将被市场淘汰，本土制药企业不得不面临转向改进式仿制甚至自主研发新药的挑战。

创业决定

早年知识积累

熊磊博士曾就读于中科院上海生化所，自2000年开始从事肿瘤发生机制研究。博士毕业后，他加入了刚刚创立的艾比玛特(Abmart)公司，担任第一任商务发展部经理。2006年成立于中国上海的艾比玛特，是一家由留美生物学家孟逊博士和斯坦福大学教授陈长征博士共同创办的生物技术公司，主要从事单克隆抗体开发和生产。熊磊加入艾比玛特之后，负责公司的客户服务、技术支持、销售和市场工作，并在任期内带领团队完成了150%的销售额增长。

经过短暂的工作之后，2008年，希望继续从事科研的熊磊离开了艾比玛特，前往瑞士苏黎世大学开始博士后研究工作。主要研究方向是利用RNA干扰技术进行高通量靶点筛选，也就是通过“系统生物学”策略指导药物靶点

① 王健民：《仿制药与原研药疗效上存差异》，《文汇报》，2014年4月30日。

的开发和确认。在瑞士留学期间，熊磊还于瑞士洛桑理工学院完成了 MBA 短期培训课程。

市场趋势预测

2009 年，正在瑞士从事博士后研究的熊磊通过一次偶然机会，听到美国应用生物系统公司(ABI)的报告，报告分析并预测未来五年内，个人全基因组的测序成本会降到 1 000 美元左右，而当时熊磊所在的研究所实际采购成本约为 10 万欧元。这个预测数字并没有让熊磊觉得不可思议，因为他在 2006 年读博士期间就曾听说过这个口号，也一直在与国内外从事相关领域的几个朋友保持交流。随着计算与存储技术的持续发展，熊磊和朋友们更加确信，大数据技术支持的"精准治疗"时代即将到来："因为做研究的人是要看未来的，不是看过去或现在。我们做商业有时是看现在，做研究是要做前瞻的，你要看最前沿的东西。当时的思维方式训练得我们总是向未来看，所以我们就说，假设五六年后(人类基因组的测序成本)降到 1 000 美元，这个世界会发生什么变化？我们一想这个事情就觉得很激动。"

另一方面，熊磊认为中国市场的发展充满机遇。在阅读了约翰·奈斯比特(John Naisbitt)所著的《中国大趋势》[①]之后，熊磊深受启发，甚至买来分享给几位好友。书中判断未来中国一定会成为世界上最大的经济体，成为真正发达的国家，并详细分析了这个趋势形成的原因。

经过讨论，熊磊和他的朋友们相信医药行业一定也会遵循这个趋势："不可能未来的中国成为那样发达的国家，医药行业还像现在一样，天天做仿制药，或者说某些方面天天用人家的技术，我觉得这是不可能的。一定会出现这样的(创新企业)，无非是谁来做的问题。我们可能是第一波想参与到这个

① ［美］约翰·奈斯比特：《中国大趋势》，魏平译，中华工商联合出版社 2009 年版。

浪潮当中的人，能不能一直站在前面我们不知道，但我们要参与，这样我们至少就不会遗憾。”

启动回国计划

2009 年 12 月 24 日，在这个圣诞节前夜，身处瑞士苏黎世的熊磊做出决定——启动回国创业计划。他希望充分利用中国丰富的临床肿瘤资源，通过系统生物学的手段将其转化为个性化药物开发的平台，使得中国药物开发实现“弯道超车”。

在长达一年的时间里，熊磊依照基因组信息指导的药物开发产业链组建团队，为形成完整的药物靶点筛选和基因功能研究积累了资源，也为生物医学数据库的构建做了准备。

2010 年 11 月 26 日，熊磊中断博士后工作，正式回国创业。

创 业 思 路

个体化精准治疗

传统抗肿瘤药物治疗多是基于肿瘤发生部位来选择化疗方案。然而，由于肿瘤的形成是基因突变的结果，突变位点又是随机发生的进而通过进化选择得以保留下来，所以不同的个体就有不同的突变类型[①]。因此，即使是对同种组织类型的肿瘤，应用相同的靶向药物，甚至相同的剂量和治疗方案，肿瘤患者个体取得的临床疗效和毒副反应都可能有天壤之别——这被业界认为是传统抗肿瘤药物有效率不足 30%的主要原因[②]。

---

① 陈枢青：《体细胞突变与个性化靶向治疗新思路》，《浙江大学学报》2013 年第 1 期；周宏灏、刘洁：《抗肿瘤药物的基因导向性个体化治疗》，《肿瘤药学》2011 年第 1 期。

② 王孔成、刘宝瑞：《真正意义上的肿瘤个体化药物治疗成为可能》，《医学与哲学（临床决策论坛版）》2012 年第 6 期。

自2003年《人类基因组图谱》绘制完成以来[①]，人们对于基因的了解逐渐深入，将基因变异与药物疗效联系起来的“药物基因组学”逐渐受到广泛关注[②]。但传统的“药物基因组学”研究，主要是讨论不同个体血液中的遗传基因多态性对药物代谢效率的影响。对于肿瘤而言，因为肿瘤组织拥有一套独特的充满突变位点的体细胞基因组，因此需要针对肿瘤基因组的体细胞突变寻找其对药物的影响。

熊磊与其他研究人员一样，开始思考能否根据每位肿瘤患者不同的致病基因，选择不同的药物治疗方案，即实现“个体化精准治疗”[③]。

大规模药物筛选模型

要想在未来实现“个体化精准治疗”，市场上的抗肿瘤药物种类需要大大扩展。而由于传统的药物开发机制是对各种基因型的肿瘤患者随机进行临床Ⅱ期试验，这导致那些只针对一小群基因型（比如5%人群）的抗肿瘤药物必然无法达到超过20%的有效率，也就无法通过FDA批准上市。制药企业只有在大规模开展临床试验前，找到药物针对的肿瘤患者人群，把他们作为受试者，才能大幅提高临床试验有效率。例如某肺癌药物预计对5%的人群有效，而Ⅱ期临床实验要入组100个人，那么最好的方法就是通过临床用药诊断检测从5 000个人中筛选出来这100个人，这一做法也逐渐被FDA认可并大力提倡。FDA甚至为此类具有潜在高有效率的药物临床试验专门给

---

① “2003 Release: International Consortium Completes HGP”, *National Human Genome Research Institute*, April 14, 2003.

② 罗彬：《药物基因组学的应用进展》，《中华实用医药杂志》2003年第19期；孙红武、欧阳五庆、孙俭英：《国外药物基因组学的开发动态》，《中国新药杂志》2004年第3期。

③ Katherine R. Calvo, Lance A. Liotta, Emanuel F. Petricoin, “Clinical Proteomics: From Biomarker Discovery and Cell Signaling Profiles to Individualized Personal Therapy”, *Bioscience Reports*, 2005 (1-2).

与特殊通道,即"突破性治疗"[①],一旦被赋予突破性治疗称号,则该药物临床试验将进入优先加速审批的通道。

为了找到药物针对的肿瘤患者人群,就要建立肿瘤药物筛选模型,找到"基因-药物"的配对关系,这也是药物前期开发中的核心环节。通常,研发人员使用肿瘤细胞系来寻找基因标志物,但由于肿瘤细胞系的建立极其困难,成功率极低,因此需要消耗大量的肿瘤样本资源,这对跨国制药巨头来讲都是一个成本难题。但中国拥有丰富的临床肿瘤资源,如果加以充分使用,可以将"死的组织样本库"转化为"活的细胞样本库",从而用于高通量药物筛选,积累海量的"药物-基因"数据,为寻找药物标志物(药物-基因配对关系)提供第一手的大数据。

下一代基因测序

即使有了足够的肿瘤细胞样本,要想发现药物和基因的配对关系也并非易事,原因主要在于数据量的相对庞大。人类的体细胞中有 23 对染色体,每条染色体上都线性排列着一定数量的基因[②]。多国科学家对人类基因组图谱的初步分析表明,人体共有约 2 万～2.5 万个基因[③]。以 2.5 万个基因计算,如果两两组合有超过 3 亿种组合,三三组合超过 2.6 万亿种组合,所以破解"基因-疾病关联"的难度犹如在复杂电路图中发现开关[④](参见附录 1-6:

---

① Rachel E. Sherman et al., "Expediting Drug Development —— The FDA's New 'Breakthrough Therapy' Designation", *New England Journal of Medicine*, November 14, 2013(369), pp. 1877 - 1880; Ram Subramanian, Tory Sheppard, Brad Rubin, Chris Kramer, "FDA's New Breakthrough Therapy Designation: What Does It Mean for Pricing and Market Access?", *OBR Green*, September 2013, Vol. 7, Issue 8.

② "2003 Release: International Consortium Completes HGP", *National Human Genome Research Institute*, April 14, 2003.

③ Shishir Kumar Gangwar, Birhanu Worabo, "Amazing Facts about Human DNA and Genome", *Society for Science and Nature*, September 20, 2011.

④ McLeod, H. L., Evans, W. E., "Pharmacogenomics: Unlocking the Human Genome for Better Drug Therapy", *Annu Rev Pharmacol Toxicol*, 2001(41), pp. 101 - 121.

药物-疾病关系破解难度）。

这导致鉴定一群肿瘤标志物通常需要数年的研究，花费巨额资金——人类历史上第一个基因组测序曾耗资约30亿美元，大概用了10年时间，依靠6个国家共同完成。即使利用美国454生命科学公司于2005年年底推出的新一代测序仪，也只能将一个人的基因组测序成本降低到几百万人民币左右。

随着全球生物技术的不断发展，新诞生的下一代测序技术对传统测序带来了革命性改变。所谓下一代测序技术，是相对传统药敏测序技术来说的，具有大规模、高通量的特点。下一代测序技术利用自动化操作系统、灵敏快速的检测仪器和高速数据分析计算机，能够一次对几十万到几百万条DNA分子进行测序[①]，使测序的人力和物力成本得以直线下降。

大数据处理

高通量仪器可以在短时间内检测到DNA分子的精确改变，因此产生多种类的大量信息。例如，全基因组测序仪IlluminaHiSeq 2500能在一天内完成对整个基因组的测序。它在27小时内会产生120 GB的数据，或在标准运行中产生600 GB的数据，这远远超过了几年前年平均测序的输出量[②]。高通量方法产生了数量庞大的“大数据”，这就要求相应地处理这种“大数据”的能力。通过整合肿瘤基因组数据和高通量药物数据，才能寻找到“药物-基因”关系。

2010年前后，随着云计算和云存储技术的出现，人们有了能够处理这些巨大信息的能力。熊磊的计划就是将肿瘤基因组学、复杂数据计算平台和高通量药物筛选技术整合起来，解决抗肿瘤个体化精准药物的研发和应用难题

---

① 韩闯、杨盛昌：《高通量筛选技术及其应用》，《生物技术通报》2005年第2期。

② 刘立洋：《Illumina：缔造基因测序界的“苹果”》（2012年7月2日），仪器信息网，http：//www.instrument.com.cn/news/20120702/079802.shtml，最后浏览日期：2015年11月3日；Matthew Herper：《DNA测序最大赢家：Illumina公司》（2011年1月5日），于波译，福布斯中文网，http：//www.forbeschina.com/review/201101/0006529.shtml，最后浏览日期：2015年11月3日。

(参见附录1-7：生物医学大数据流程图)。

创业过程

公司成立

理清思路之后，2011年，熊磊以自有的全部50万元人民币积蓄，注册成立了思路迪生物技术有限公司。“思路迪”是英文“three D”的音译，分别取自三个英文单词的首字母，即Diagnostics(诊断学)、Drug(药物)和Development(开发)。

因为起步资金有限，公司最初并没有自有的实验室，只在远离上海市区数十公里的金山租用实验室，每周往返市区进行业务拓展。通过半年的科研服务外包业务，公司积累了第一桶金，于2011年7月在上海徐汇区的聚科生物园区租用了150平方米的厂房，建设自有实验室，并开始陆续购买自有的仪器设备。之后经历过两年的发展，公司扩大规模，搬迁至上海漕河泾高新技术开发区的浦江高科技园，这是一个以新能源、电子信息和生物医疗等行业为核心支柱的高新技术产业园区。在这片产业园区中，思路迪拥有了2 400平方米的实验室。

创业团队

公司成立之初，共有八个人组成(参见附录1-8：思路迪创业初期团队)。除担任首席执行官的熊磊之外，技术总监谢正华和基因功能部经理李风庆也是毕业于中科院上海生化所的博士；数据库事业部经理张轻舟硕士毕业于英国曼彻斯特大学，曾供职于熊磊工作过的艾比玛特公司；而销售经理李华光和商务发展部经理方强毅，则是分别博士毕业于中科院中德共建马普实验室及中科院上海生物工程中心的博士。稍后加入团队的安颖慧和李小方，则分别毕业于华东师范大学和中国科技大学，分别曾经在艾比玛特公司和中科院跟随熊磊从事过销售和科学研究。

2011 年，思路迪的员工人数从初创时的 8 人，逐渐增长到 8 月的 20 人，之后稳定在 20 人左右。2012 年，团队人数增加到 40 人左右，主要扩充岗位是 shRNA 文库生产、药物靶点筛选和销售人员，从事基本的科研服务外包工作，为第一桶金的积累做准备。

资源积累

在对思路迪的竞争力进行分析后，发现企业早期主要面临两方面问题：一是缺乏充足资金，二是缺乏资源样本。

为了积累第一桶资金，思路迪采用“团购技术服务”模式，低价从市场获得大量与研究性质类似的服务合同。然后凭借服务大单合同与上游供应商谈判，获得上游供应商 900 万元原材料以及仪器采购的一年付款周期。得以分期付款后，依托仪器和原材料启动服务订单，并提供外围服务回收现金，支付仪器款项。这样获得近 100 万元固定资产积累，撬动了 1 000 万元的 shRNA 文库构建业务。shRNA 文库是建立在大规模 RNA 干扰筛选技术的商业应用，科研工作者可以通过简单方式直接从该文库中找到针对某特定基因的 shRNA，省去了一般的 siRNA 设计、合成和验证过程（参见附录 1-9：思路迪早期文库产品）。这为起初制定的“创业生存＋融资发展”战略争取了一定时间。

而在资源样本方面，熊磊决定先用一两年时间跟医院建立合作，提供 shRNA 文库服务。这期间的合作对象主要是从事转化医学研究的科研型医院，例如复旦大学附属中山医院、上海交通大学附属仁济医院等。所谓转化医学研究就是将基础科研做出的研究成果应用实施于临床。例如思路迪提供的“靶向药物敏感型测试”可以帮助医院实现个体化运用，而“药物靶点研究”可以研究发现新型肿瘤药物靶点，指导药物开发。

虽然利用这些技术，思路迪积累了一些资金和数据资源，但熊磊的目标并不止于此，用他的话说：“这部分只是一些常规技术，跟其他公司没有太大区别，只是我们的技术稍微复杂一点。”那时的思路迪还在解决如何存活下来的问题，“只能是边走边看，先建立关系，等有大额的启动资金之后再转到我们真正想做的肿瘤个性化药物研发”。

天使轮融资

按照熊磊原本制订的发展计划，思路迪成立的第一个三年目标是实现预期利润，然后再吸引投资。然而，实际的速度比他预想的要快，这让 2012 年成为影响熊磊本人与思路迪公司成长的关键一年。2012 年 5 月，熊磊进入中欧国际工商学院，就读于中欧创业领袖成长营一期。2012 年 8 月，思路迪完成了第一轮融资，天使轮融资金额为 1 000 万元人民币。

融资一到，熊磊就马上开始启动长久以来的计划。计划目标是通过联合医院，大规模构建肿瘤细胞系模型，并通过整合基因组测序和高通量药物筛选数据，用于个性化药物开发（参见附录 1-10：思路迪 A 轮融资后资本计划）。

技术革新

虽然在国内市场上没有直接竞争对手，以药敏测序技术提供精准诊断业务也有相当的利润空间，但获得天使轮融资之后的思路迪，还是决定升级到下一代测序技术。这需要大量的资金和人才投入，前期研发成本较高；但技术升级之后，由于流程更为清晰和模块化，反而会降低边际成本，从原先的 10 万元人民币以上降低到 1.5 万元人民币以下。虽然主动放弃了一定的利润空间，但思路迪高层更加看重这次技术更新的长期战略价值，用思路迪公共关系总监李逸石的话说：“不仅可以扩大目标客户群体，也提高了潜在竞争者进入市场的技术壁垒。与此同时，我们认为，在大数据时代获得多少短期利润并不是最重要的问题，更重要的是收集用户信息。只有大量收集患者的肿瘤基因组数据，才能为接下来各环节的商业操作提供更大的想象空间。”

这个战略方向也获得了天使投资人的认可。

思路迪的商业价值

提供新药研发服务

从2012年下半年开始，思路迪的核心服务从RNA干扰文库服务，转向利用下一代测序技术进行的药物标志物筛选研发。

思路迪把肿瘤细胞进行离体培养，做成细胞模型，就可以对抗肿瘤药物进行临床前测试，测试该药物到底对携带哪种基因型的肿瘤细胞会起作用。通过分析大通量的基因变异和药物药效的数据关联，就能验证该药物是否对特定的基因型具有特异性。通过对病人进行临床前筛选，找出对药物有特异性的人群入组实验，有效率则会大大提高(参见附录1-11：思路迪“药物-基因”配对关联研究)。同时也能帮助制药企业节约巨额成本，因为基因测序成本到2014年已经降低到每个1 000美元，但是每个患者的临床试验成本高达每个10万～20万美元，而且在没有基因标志物的情况下，大部分临床试验都是以失败告终。

通过这种药物标志物筛选，不仅可以大幅提高新研发药物的FDA通过率，还能使曾经临床试验失败的药物找到特定的适用人群，获得再次开发机会。至于具体合作方式，思路迪希望一方面与全球大型创新制药公司(如罗氏、诺华、强生、礼来等)签署协议，针对这些公司失败的临床药物进行再次开发，寻找精准的人群，重新展开临床试验；另一方面，通过平台筛选得到特定标志物，进而联合其他新药开发公司共同开发个性化精准药物。

建立药物研发平台

和简单提供新药研发外包服务(CRO)的商业模式相比，思路迪的兴趣显然不在于此。思路迪的真正目标是形成抗肿瘤个体药物精准研发平台。

从中国目前发病率最高的恶性肿瘤之一——“肝癌”入手，思路迪从各三甲医院收集肿瘤细胞样本，然后于实验室进行培养。一旦某种基因型的肿瘤细胞样本数量超过一定数量，就可以开发有明确标志物的个性化精准药物。在公司成立三年内，思路迪已建成全球最大的肝癌细胞数据库，而数据量还在不断攀升。熊磊的目标是将样本数量扩大到 10 000 个，通过数据信息的开放，在生物医药行业形成良好的商业生态链。

影响临床诊断模式

通过药物研发模式的创新，可以预见未来会有更多抗肿瘤药物得以通过批准上市。熊磊预计在未来 10～20 年，“理论上说，对于每种肿瘤会有 20～30 种针对不同靶点的精准药物，甚至 50 种药物”。这时病人就可以做全基因组的检测，发现自己属于哪种特定基因型的人群，从而找到特别适合自己的药物，真正实现个体化精准治疗。

因此，思路迪应用技术的方向不仅是药物研发，未来还会影响价值链下游的临床诊断模式。传统的“同伴诊断”技术是单个基因诊断，做一个单基因检测的费用在中国是 2 000 元，做 10 个就要花费 20 000 元；而思路迪采用新的全基因测序技术，实现全基因组检测未来只需要 5 000～6 000 元。

随着药物种类的增加，单基因检测技术越来越无法适应批量诊断，熊磊认为传统的单基因检测技术在未来一定会被淘汰，而且整个行业都会受到显著影响：“大数据革命了用药、诊断、药物研发(的模式)，它是一个驱动的源泉，会引发一系列连锁反应。在不同的阶段，改变不同的东西。首先是改变了前面的药物研发，未来（将改变诊断）。现在对诊断已经有了一些改变，已经有一些药在临床上使用，但是覆盖的基因还不够多。比如针对某个部位的肿瘤，现在只有 2～3 种药物，如果用基因测序方法来检测，大家感觉还不是很划算。因为 2～3 种拼起来也就是五六千块钱，用新技术做也是五六千，如果再加一种，我相信那会是一根稻草。对于某些肿瘤而言，如果再加一根稻草，我相信原来的技术就（会被淘汰），因为那种是没有（压缩成本的）空间的，而这种空间是越来越高，你做 10 个、20 个，（甚至）200 个都是这个价钱。”

总之，通过指导医生个性化用药，收取测试或评估费用，2013 年，思路迪的服务领域已经从药物研发纵向扩展到个性化精准诊断，逐渐布局整个产业链。

思路迪所面临的未来挑战

在思路迪的战略蓝图之下，企业已经开始步入预期的发展道路。然而，探索这条道路的时机是否恰当？在探索的过程中又要克服哪些困难？思路迪团队在自我总结和思考之后，认为挑战主要来自以下三个方面。

持续高研发的资本投入

在市场未成熟的新兴领域建立创新型企业，如何取得资本市场的认可往往是第一难题。2014 年 5 月，思路迪完成 A 轮融资，获得数千万元人民币，共有六家机构参与，包括天使轮的两家机构投资者也都参与了这次投资，以医疗基金为主。将这笔资金主要用于购买一批仪器设备、继续扩大原代细胞系平台的搭建，以及团队的扩充。但鉴于巨大的研发投入成本，熊磊认为思路迪未来还要继续争取更多资源。

不可否认的是，由于资本具有逐利本性，而思路迪所在的新兴产业还缺少成熟企业可供借鉴,未来现金流状况难以精确预测,所以,如何吸引天使投资人和风险投资方的注意,在高研发投入的情况下保持财务状况良好,成为思路迪需要解决的一个重要问题。

战略转型后的团队构建

考虑到思路迪的战略转型,中高层管理团队成员除了要具备一定的领导力素质之外,还要拥有生物学、新药开发、临床医学、信息技术等多个学科的专业知识。然而,由于思路迪的创新方向在中国尚处于行业前沿,市场上直接匹配的人才较少。熊磊表示,思路迪在早期人才招募方面遇到了很大困难:"猎头公司花费六个月时间都找不到一个基本符合的简历,这还是专注生物领域的专业猎头。在别的行业可能会觉得不可思议,但这就是创新企业要面临的困境。"

因为难以找到现成的跨学科复合型人才,思路迪把目光转向内部培训。但即使是从国内外超一流院校毕业的博士生、硕士生,很多也难以适应这种高强度的学习挑战。在思路迪成立的前两年中,原有团队成员流失率超过60%。尤其是2014年5月A轮融资完成以后,思路迪开始转向基因测序和抗肿瘤精准药物平台的搭建,部分管理人员从心态和能力上不能适应这种"二次创业"的情况,有三名核心成员相继离开。在总结了这些离职员工的特点之后,思路迪进一步提高了中高层管理及技术岗位的招聘要求:不仅需要拥有相关专业知识,还要在该领域中已经取得一定成绩;不仅需要学习力,还要有共同创业的梦想。思路迪坚持"用一流的愿景,一流的财富分享机制,招一流的人才",所以在期权激励方面也很开放,目标是成为一个大众持股的公司。

除了运营管理和研究团队,思路迪内部也有一些相对流程化的制造部门(参见附录1-12:思路迪组织结构图)。像细胞模型生产这样日常性的工作岗位，要求一定的工艺稳定性。思路迪的做法是与职业技术学校进行合作，初期招聘的专科生由于实际工作能力参差不齐，淘汰率高达60%～70%，也浪费了很多研发费用。后来思路迪调整了模式，像药物前期筛选的思路一样，对人才也进行预筛选："我们开了一个定向培养班。在他们读二年级时，每个月我去上一次课，从精神上、物质上跟他们讲清楚：要吃苦，但是一种很好的学习。而且工作内容是做研究、做试验，必须爱好这一行。前期淘汰率非常高，从100个到20个，但这20个人过来实习时，流动率只有10%～20%。那么实习之后再就业，基本上就非常稳定。我觉得这是我们在经历了两三年之后摸索出来的宝贵经验——这其实跟我们大数据一样，要在前期精选出来一些人。"

思路迪目前的组织规模已经扩张到100余人，熊磊希望在未来几年形成500～1 000人的团队，包括覆盖精准治疗诊断业务的营销市场团队。这样的招聘和培养方式能否打造思路迪的梦想团队？组织架构和管理方式是否适应这样的目标？还需要经过时间的检验。

产业变革环境下的客户培育

处于行业先锋地位的企业不仅意味着有捷足先登的机会，往往也面临着首当其冲的风险。用熊磊自己的话说，"个性化用药动了太多人的奶酪"。

传统制药厂商对于个体化医疗的的态度是很复杂的。当企业研发的药物已经获得FDA批准时，往往希望这个药物有更广大的人群来使用。如果单纯从利益取得的角度来讲，制药厂商可能不希望出现个体化治疗。而当企业的药物研发工作失败时，又非常希望借助个体化治疗技术，找到对该药物敏感的患者人群，从而通过临床实验，使药品上市。一旦药物上市之后，企业又会希望有更多的患者来购买这个药物，这与个体化治疗的初衷不免南辕北辙。为了在精准治疗与商业利益之间达到一个平衡，目前国际市场上已经出现针对人群比例为6%～7%的药物，销售状况良好；而思路迪希望能够开发作用人群占整体人群1%～2%以上的精准药物，这也符合麻省理工学院相关研究的测算[①]。

而对于医院及其他医疗单位的医生而言，采用个体化医疗会颠覆原有的疾病诊断和用药方式。医生们能否愿意打破路径依赖，采取一种流程更复杂却也更精确的治疗方式？熊磊持乐观态度："在我们尝试的过程中，我们相信总有一部分医生群体，他们真正在关心患者的生命健康。他们只是在没有第二种选择的时候，选择这样一种方式；当他们面临第二种选择的时候，他们都会在路上徘徊。我们接触到不同的医生群体有不同的态度，也能感受到他们自身的摇摆状态。我相信这个摇摆本身，就是一个非常好的现象。因为之前连这种摇摆都不会有。"随着个体化医疗产业的逐渐成熟，熊磊预计未来个体化基因检测的终端价格会下降到10 000元人民币左右，这或许是个人消费者可以接受的水平。

随着中国医疗体制的改革进程继续向纵深推进，思路迪需要找到恰当的时机，把握传统治疗方式向个体化医疗转变的浪潮。在坚持自身商业价值的同时，还需要面对各种新的挑战，思路迪前方之路并不平坦。伴随着A轮融资资金的到位，企业自身发展将会再上一个层次，熊磊和他的团队是否已经做好充足准备？思路迪基于基因组大数据的精准治疗商业模式，又该如何发展？

---

① Sharma, S. V., Haber, D. A., Settleman, J., "Cell Line-based Platforms to Evaluate the Therapeutic Efficacy of Candidate Anticancer Agents", *Nat Rev Cancer*, 2010(10), pp. 241－253.

点评 1

把握消费需求，坚持创新理念

范小军*

“精准”“个性化”“个体化”“靶向(治疗)”——大多数肿瘤学家都非常熟悉这些词汇，经常交替使用来形容一种根据患者特征和患者肿瘤的分子和遗传特征而制订治疗计划的管理模式，科技的发展和大数据的应用使得医疗行业精准治疗成为可能。

本案例充分说明，企业进行产品开发和市场营销活动必须真正理解和把握市场需求，而对市场需求的把握和确认则必须以科学且充分的市场调研为基础。抗肿瘤药物是当前国内外创新药物研发热点，大量资本投入肿瘤领域，大量新产品进入临床试验。面对国内研发人员长期从事仿制药开发，创新药临床研发经验甚少的现状，思路迪公司及其创始人熊磊却通过相关调研认识到了该领域的巨大市场潜力。于是根据自己的专业特长和研究经历对肿瘤进行个体化精准治疗，并设法降低成本和销售价格使之符合消费者的支付能力和期望价格，从而满足市场需求。思路迪公司进行抗肿瘤个体化精准药物研发的过程，始终是一个深入了解消费需求、适应消费需求的过程。向我们充分展示了现代市场营销“在适当的时间和地点、以适当的价格把适当的产品提供给适当消费者”的本质，充分体现了现代市场营销以消费需求为中心，在满足消费需求的基础上寻求企业长期合理利润的基本精神。

一个好的商业模式，能够把技术创新、产品创新和服务创新进行有机地集成，将产业链上的各环节利益捆绑在一起，不断地推动产业竞争模式的发展和经济进步。在此过程中，技术创新与商业模式创新相辅相成、协同发展。

---

* 范小军，教授，博士生导师，上海大学管理学院工商管理系主任。

在某种意义上，技术创新是商业模式创新的前提，有了更先进的技术就可以改变企业的盈利模式和利润来源。抗肿瘤药物产业链，从药物产品的形成过程来看，上游主要是关键技术创新和开发阶段，中游主要涉及“物质分离”和“产品加工”。思路迪创始人熊磊及其团队的技术研发为未来商业模式的创新打下了坚实的基础。技术创新往往伴随着更高昂的成本、稀缺的配套资源和低下的市场认同度。如果没有合适的商业模式创新与之匹配，技术创新很有可能将以失败告终。特别是对于新兴产业和变革性的新技术而言，由于技术不成熟、研发成本高、缺乏配套设施等原因，技术和产品的市场推广应用是其发展的重要难题。通过商业模式创新有效降低成本，是新技术新产品走进市场的一条重要途径。特别是在新兴产业领域，技术和商业模式都处于探索阶段，更需要有活跃的商业模式创新来配合技术应用推广。思路迪采用的“团购技术服务”并采取与医院合作的模式，低价从市场上获得大量与研究性质类似的服务合同，然后凭借服务大单合同与上游供应商进行合作以及取得的天使融资进一步支撑其技术研发。

思路迪虽然面临着持续高研发的资本投入、战略转型后的团队构建以及产业变革环境下的客户培育等挑战，但是思路迪以提供新药研发服务、建立药物研发平台和影响临床诊断模式的社会营销观念为核心的经营理念体系，为塑造良好的企业及品牌形象打下了坚实的基础。在此基础上，只要坚持以不断创新的理念指导企业，根据市场变化来调整和创新自己的产品组合及营销组合策略，从而比竞争者更有效地使顾客满意，同时维护消费者利益与增进社会福利，那就一定会使企业获得长期持续的发展。

点评 2

唯变不破

连敏玲*

思路迪是非常典型的技术团队创业。其过程很像好莱坞大片的前半部，一个聪明勤奋的年轻人，带着梦想外出寻宝，在无意中发现了宝藏的方向后，果断地放弃安逸生活，调整目标，开始向宝藏方向出发。沿途经历了生存危机，也经历了伙伴背弃，后来偶遇贵人，终于拿到了助力神剑，可以比较有能力地、更快地接近宝藏了，但路还有多远并无从知晓，究竟该选择哪条路也不知道，宝藏是否有恶龙守护也不知道，同时还依然有伙伴因为意见不合而离开，因为谁也不能确保就一定会找到宝藏，甚至对于未来要找的宝藏究竟有多大的价值，大家意见不一。年轻的英雄究竟该何去何从呢？预知后事如何，还需等待下一部分解。

这其中，创始人熊磊就是那个聪明的年轻人，个性化抗肿瘤药物就是他在瑞士读博士后的时候无意中发现的那个大家都在寻找的宝藏，投资方是他的贵人，资金是神剑。寻宝的路上，他经历了创业者基本上都经历过的几个阶段。第一是生存，为了生存，他可以暂时放下远方的目标，从基础小事做起。先做 RNA 干扰文库的工作，养活团队；盈利赚钱后，才是发展，但他心中始终记得他当初出发时候的最初的梦想，因此他一旦有了机会可以去实现梦想的时候，他还是坚决地挑战自己，朝着初心出发；在完成融资后，他决定公司进行战略转型，放弃已有的赚钱业务，转到他要做的基于基因组大数据的精准治疗上去。但这条路上他将遇到的困难是巨大的，不仅仅是在研发上的巨大挑战，他还要面临着与现有医疗体系中的既得利益者的竞争博弈。理

* 连敏玲，中欧国际工商学院 EMBA2014 级学员，上海连力创业投资管理有限公司董事长。

想很丰满,但现实总是很骨感,加上此时创始团队的三名核心成员不能理解这种战略转型,陆续离去,对熊磊的挑战就更大了。

此时的熊磊面临着巨大的考验,一个是对他个人的考验,一个是对思路迪整个团队的考验。熊磊首先要面对的是对他自己变革管理能力的考验,公司战略转型是非常重大的问题,转得不好,经常伤筋动骨。创始团队的离去对公司的伤害肯定是很大的,这个行业又很特殊,无法在市场上找到现有的人才。离去的核心团队成员虽然有他们自己的问题,但也和熊磊有密切关联。技术型的领导者通常会不够重视人际沟通,但若是团队内部无法形成统一的目标,不能让创始团队相信转型的方向是正确的、有前途的,其负面影响也很大。这个也是大部分企业者在创业过程中会遇到的问题,能够共苦却不能同甘,能够一定阶段同行,却无法在变道的时候继续携手。

熊磊虽然在后续做了一系列的补救措施,以弥补团队变动带来的人才空洞,但是代价相信也是比较大的,至少整个转型的步骤要放慢很多,真是欲速则不达了。事实上,熊磊在一开始如果能够更重视变革过程中可能的阻力,或许转型会更加顺利。通常来说,变革管理可以分三步走,分别是:提前沟通,逐步调整,及时总结。

首先,建议在转型前分组织分部门开始做思想引导工作,有程序地解释转型的理由,不仅仅在正式组织里面做沟通,还可以通过与非正式组织的意见领袖做更多情感层面的沟通,向全员解释清楚转型的原因和理由,重塑公司愿景,减少转型的思想阻力。

其次,在正式转型的进度安排上,不必操之过急,设置每月的逐步调整量,小步快跑,而不是悬崖式的瞬间转变,那么人事震荡也可以相对平缓些。

最后,在转型的过程中,及时总结成功经验,树立标杆榜样,激励大家。阶段性的小成就对团队的激励效果要好过长时间之后的大成就。

实际上在管理中,一直有个悖论,就是你越担心什么,就越容易出现什么。但我对这个悖论的理解是，其实很多时候，出现担心的结果是因为我们恐惧这个结果，所以在行动上往往采用消极逃避的方式，奢望祈祷能避免问题的出现。反之，若是能直接面对所担心的问题，第一时间去解决，就能打破这个悖论。思路迪好莱坞大片般的情节最后往哪个方向发展，决定权在熊磊身上，他的行动就直接影响到后续的结果。当然，我们也期待着熊磊给我们能带来好莱坞式的完美结局。

点评 3

聚焦精准医疗带来的创业挑战

孙子奎*

随着“人类基因组计划”的完成及 DNA 高通量测序技术的发展，越来越多的疾病与基因之间的关系被逐渐发现，基因诊断与治疗无疑将是一个巨大的市场。《全球癌症报告 2014》显示，2012 年中国癌症发病人数为 306.5 万，约占全球癌症发病人数的 1/5；癌症死亡人数为 220.5 万，约占全球癌症死亡人数的 1/4。美国恶性肿瘤患者 5 年存活率达到 85%，我国患者 5 年存活率仅为 25%。在此背景下，基于个体基因检测的肿瘤个体差异化治疗已成为趋势，思路迪的市场切入无疑是精准的。

思路迪创业之初定位在提供 shRNA 干扰文库的构建服务，这是熊磊博士的专长，一般创业人员也总是从自己最擅长的领域入手，但这块市场主要局限在科研服务领域，而且市场规模小，竞争较为激烈，很难形成差异化竞争优势。在此情况下，思路迪转移到利用 NGS 进行的药物标志物的筛选，通过构建肿瘤细胞模型利用基因测序技术来筛选靶向药物，即找到合适的药物标志物来进行新药的研发，这是精准医疗的范畴。未来疾病的诊断与治疗都会沿着这个方向展开，所形成的市场空间也将是巨大的。精准医疗面对的最大挑战就是目前基因与疾病之间的关联并不是十分清晰。尤其是在肿瘤疾病上，即使同样的肺癌病人，不同患者之间其基因变化就有可能会出现比较大的差异，所以找到精确的基因与对应的疾病之间的关系非常不容易。这需要构建大量的样本库，并对这些样品进行全基因组或全外显子组测序，甚至还需要对转录组进行测序，利用大数据分析技术来定位基因突变类型，无疑这

* 孙子奎，中欧国际工商学院 EMBA2015 级学员，上海派森诺生物科技有限公司董事长兼总经理。

需要大量的资金投入。对于一个初创公司来说，挑战是巨大的。同时，样品的搜集也是一个非常棘手的问题。

另外，关于案例中提到的“传统的单基因检测技术未来一定会被淘汰”这一观点我并不认同，我认为有以下两点支撑。

第一，单基因检测成本很低，目前不会超过100元人民币，只是临床应用收费很高，做一个单基因检测达到近2 000元，所以价格上仍有巨大的下降的空间。

第二，有些疾病就是由单基因的点突变导致的，例如大多数的遗传性耳聋都是单基因疾病，对于这类单基因疾病的检测就不必使用高通量的测序方法[①]。

① 王洪阳、王秋菊：《目标区域捕获联合新一代测序技术在遗传性聋研究中的应用及发展前景》，《听力学及言语疾病》2014年第5期。

附录 1-1：抗肿瘤药物研发历程

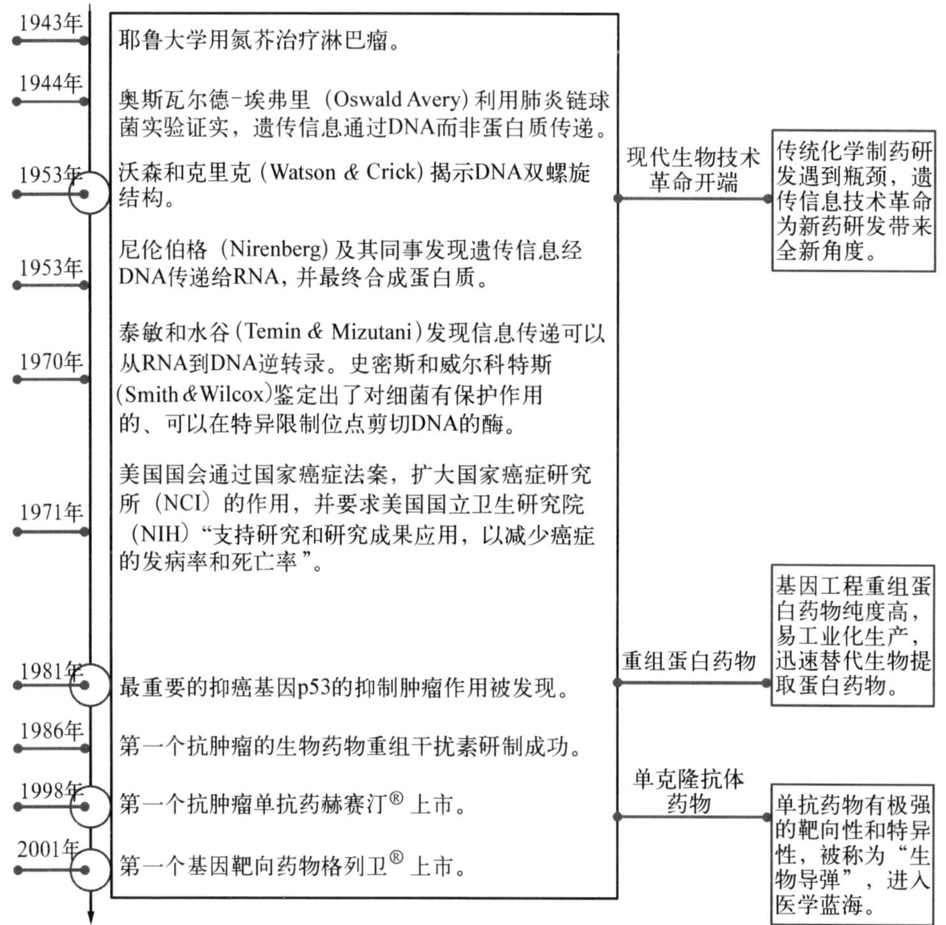

资料来源：中国科学院上海科技查新咨询中心。

附录 1–2：肿瘤发生机制简图

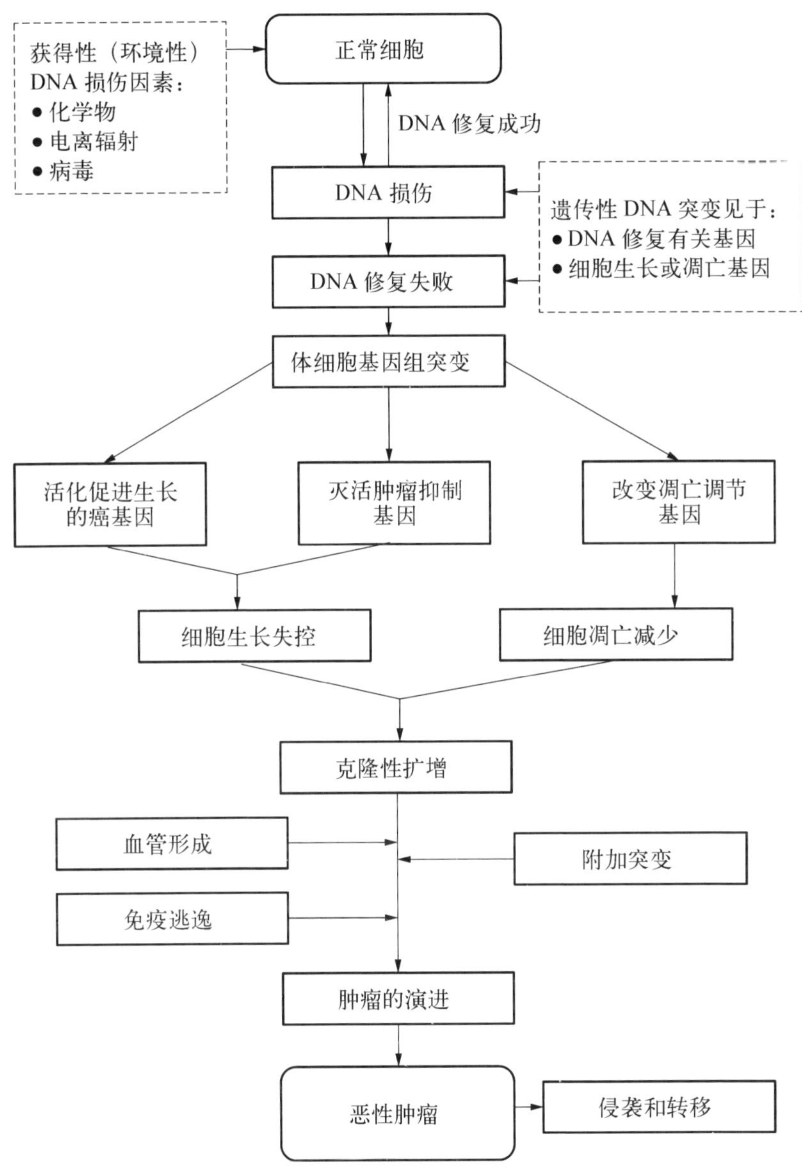

资料来源：Vinay Kumar, Nelso Fausto, Abul Abbas, *Robbins and Cotran Pathologic Basis of Disease*, 7th, Saunders, 2004, figure 7－27。

附录 1-3：化疗药物与靶向药物作用机制

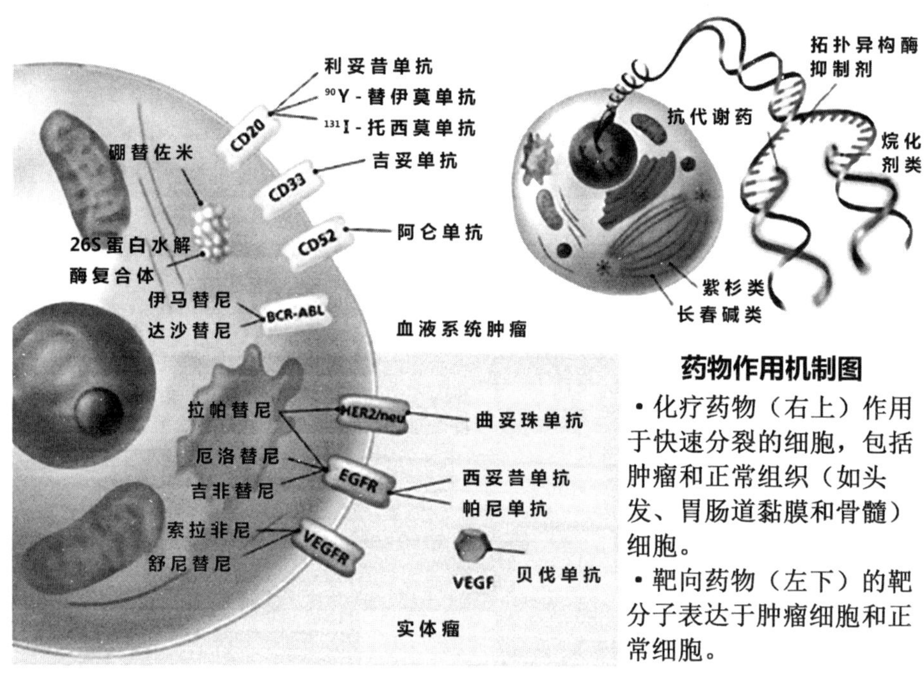

资料来源：孙燕：《靶向药物发展之路漫漫：理性应对靶向药物不良反应》(2009 年 5 月 7 日)，中国抗癌协会网站，http://www.caca.org.cn/system/2009/05/07/010023580.shtml，最后浏览日期：2015 年 11 月 3 日。

附录 1-4：现有药物研发和上市流程

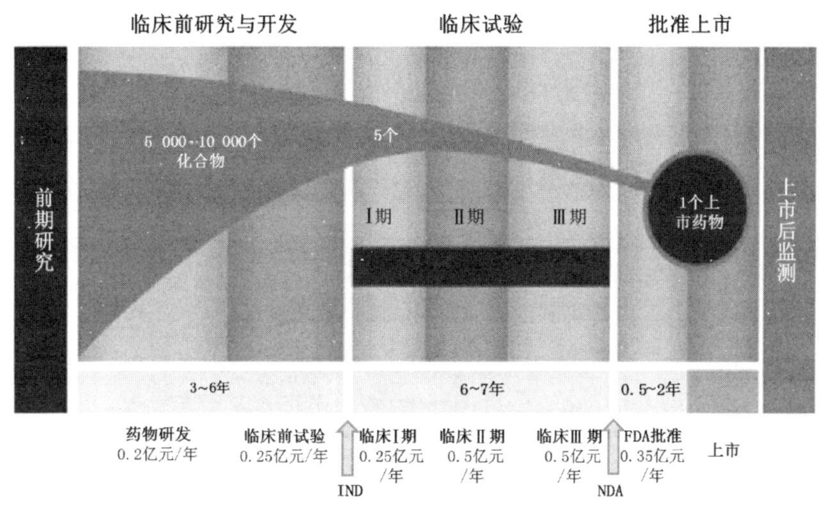

资料来源：翻译自《中欧：思路迪创新分析报告》。

附录 1-5：2013 年抗肿瘤药物全球在研新产品统计情况

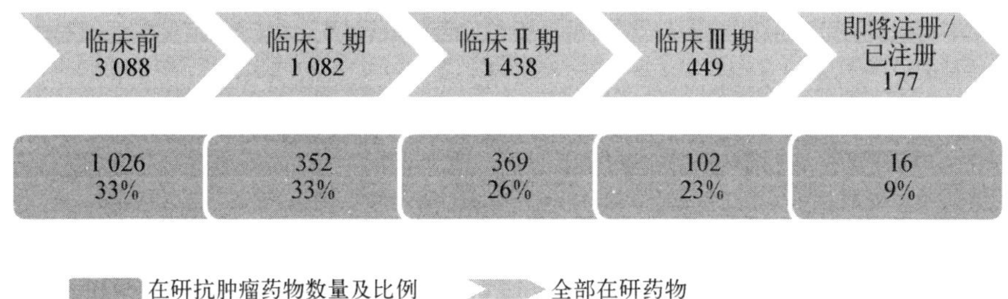

资料来源：IMS《全球肿瘤药物市场趋势报告》。

附录 1-6：药物-疾病关系破解难度

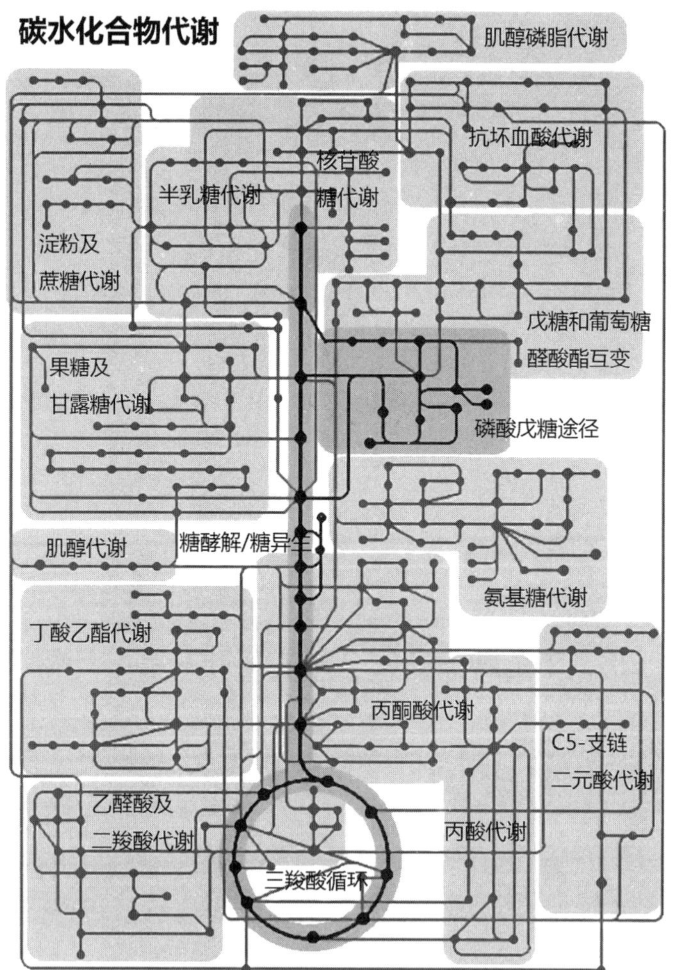

资料来源：思路迪内部资料。

附录 1-7：生物医学大数据流程图

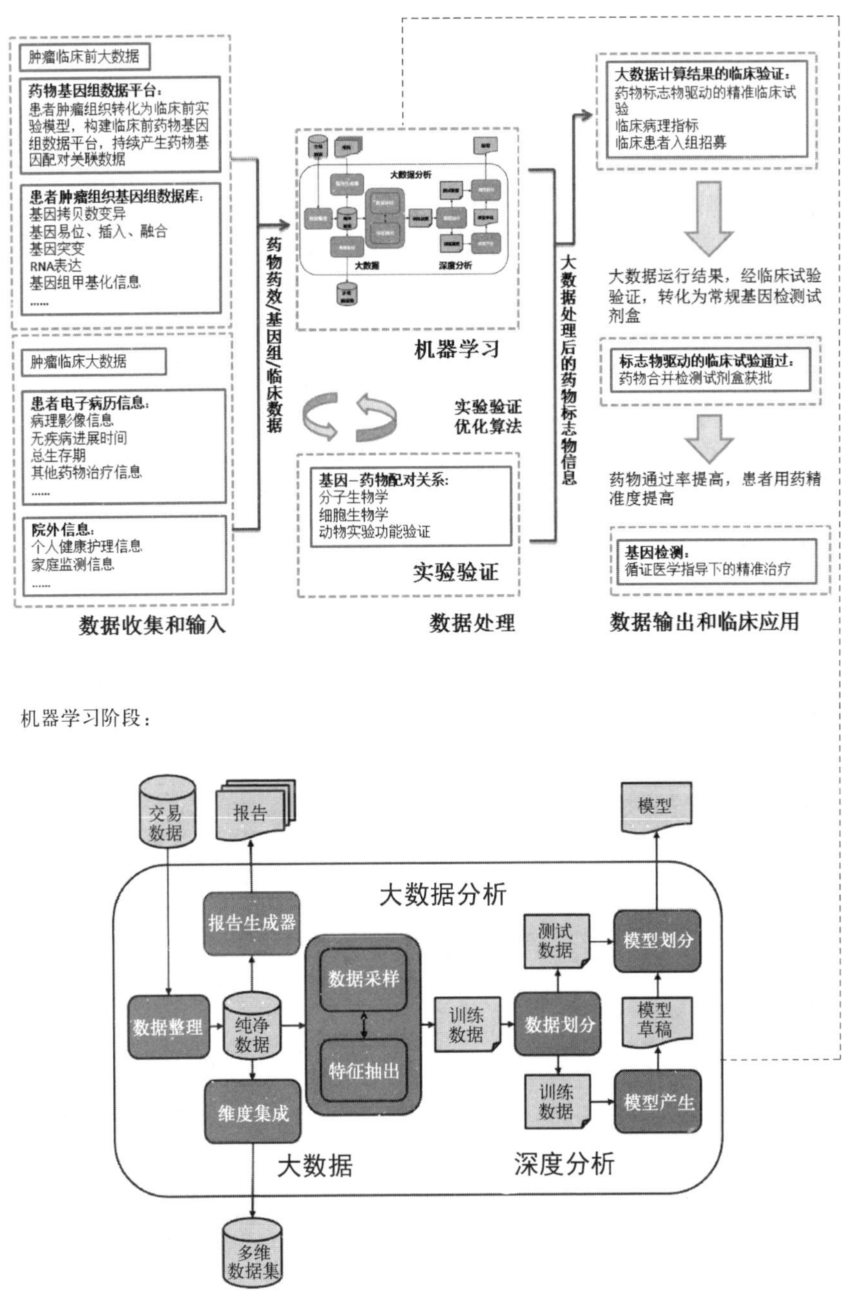

资料来源：思路迪内部资料。

附录 1-8：思路迪创业初期团队(2011—2012 年)

核心团队(目前已发生较大调整)

熊磊，首席执行官。博士毕业于中科院上海生化所，从事肿瘤耐药和信号通路研究，在肿瘤发生机制领域有长达 14 年的研究经验；在艾比玛特公司担当第一任商务发展部经理，负责公司客户服务、技术支持、销售和市场，并在任内带领团队完成 150%的销售额增长；博士后于瑞士苏黎世大学从事高通量筛选，系统掌握了高通量 RNAi 筛选技术，主要领域集中在细胞凋亡、细胞自噬、内吞和衰老；留学瑞士期间，在瑞士洛桑理工学院完成了 MBA 短期课程培训。企业成立初期负责公司战略制定、企业文化建设、基因关联数据库产品设计、日常运营管理。

谢正华，技术总监。博士毕业于中科院上海生化所，从事表观遗传学研究。博士后于美国罗彻斯特大学，系统掌握了转基因小鼠和基因敲除小鼠技术，并成功将此技术用于糖尿病疾病模型研究。企业成立初期负责公司的高通量文库构建和高通量筛选，以及基于 shRNA 文库的转基因小鼠动物模型平台构建，现在负责公司细胞模型构建平台搭建。

李风庆，基因功能部经理。博士毕业于中科院上海生化所，师从中科院院士洪国藩，从事基因表达调控。博士后于中科院营养科学研究所，从事代谢疾病动物模型研究；在分子生物学和基因功能研究方面，尤其是基因表达调控方面拥有长达十年的研究经验。企业成立初期负责公司基因关联数据库信息注释和基因表达研究。

张轻舟，数据库事业部经理。硕士毕业于英国曼彻斯特大学，从事生物信息学研究，在艾比玛特公司搭建第一个生产管理和客户关系数据库，硕士期间构建并发布在线蛋白酶酶切位点数据库(NickPred Database)。企业成立初期负责基因表达数据库构建和基因疾病关联数据库构建。

李华光，销售经理。博士毕业于中科院中德共建马普实验室，从事表观遗传学研究，在 RNAi 作用机制方面有丰富的研究经验，在果蝇中于全球首次发现 RNAi 引起表观遗传学变化。博士后于中科院生化细胞所，师从中科院院士刘新垣，从事肿瘤基因治疗研究，主要研究如何运用 RNAi 技术抑制基因表达治疗肿瘤。企业成立初期负责公司高通量筛选科研客户业务销售和市场拓展。

方强毅，商务发展部经理。博士毕业于中科院上海生物工程中心，从事真核重组蛋白哺乳动物细胞大规模表达，拥有多达数十个大规模真核蛋白表达经验；于艾比玛特公司先后领导多克隆抗体和单克隆抗体的技术研发，多克隆抗体的产品开发和工业客户销售，在大规模生产技术开发方面有丰富经验。企业成立初期负责公司项目管理和协助进行文库生产管理。

企业员工

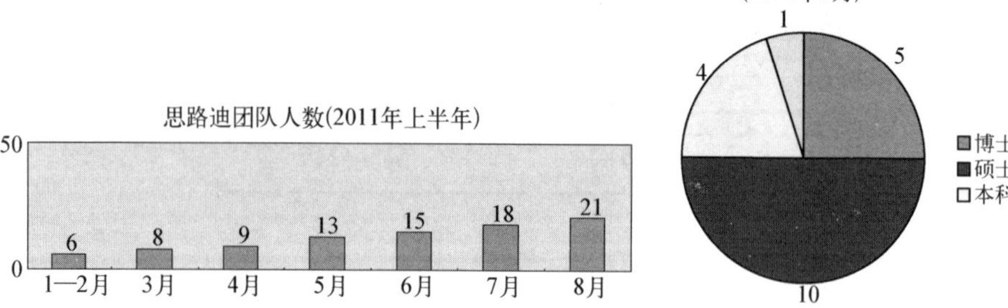

资料来源：思路迪内部资料。

附录 1-9：思路迪早期文库产品(2011—2012 年 A 轮融资前)

3 万个基因开关(文库产品)		
	siRNA 文库	**shRNA 文库**
制备方式	化学合成	化学合成原料+生物合成
折旧	不可重复使用	可重复使用
动物模型	不可在动物体内使用	可在动物体内使用
技术门槛	门槛低	门槛高
生产国家	美国、中国、韩国等	美国
生产厂商	>6 家(中国)	3 家(全球)
文库产品价格	陷入价格战	享受垄断价格
	Sigma	思路迪
	2 500 元/RNAi 产品	150 元/成本
RNAi 筛选	成本高，应用范围窄	成本低，应用范围广

资料来源：思路迪内部资料。

附录 1-10：思路迪 A 轮融资后资本计划(2012 年 A 轮融资后)

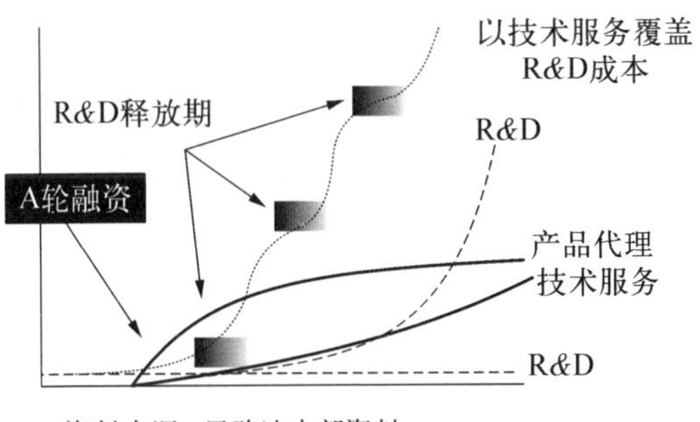

资料来源：思路迪内部资料。

附录 1-11：思路迪"药物-基因"配对关联研究(A 轮融资后)

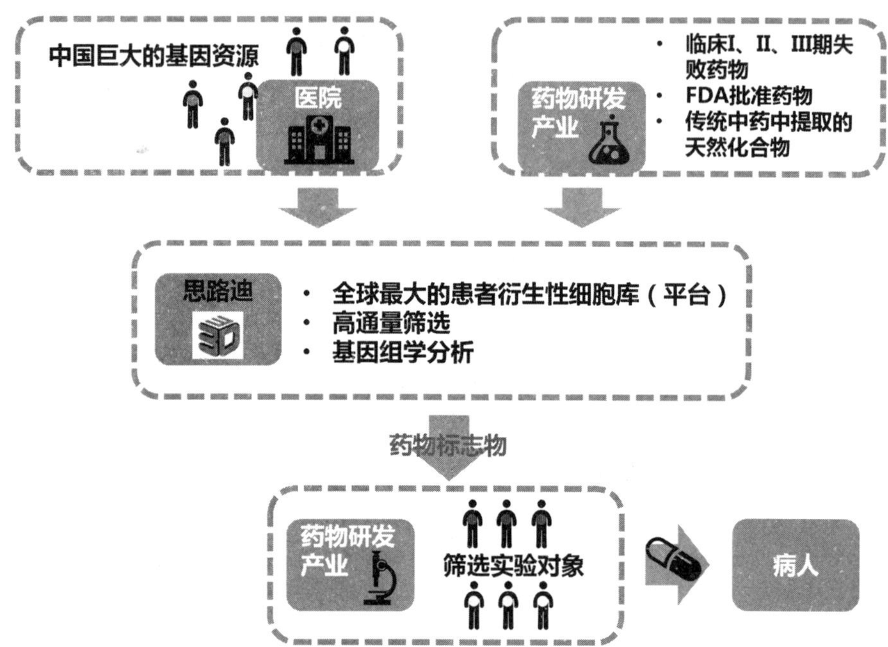

资料来源：翻译自《中欧：思路迪创新分析报告》。

附录 1-12：思路迪组织结构图(2013 年)

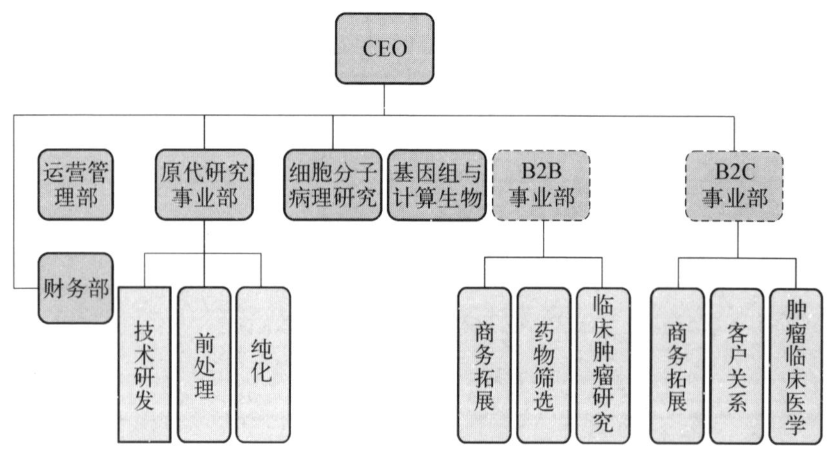

资料来源：思路迪内部资料。

案例二
微平台，大创新：微信打造创新生态*

2010年年末，移动即时通信工具纷纷亮相：2010年11月7日，互动科技发布“个信”。11月20日，腾讯“微信”立项①。12月10日，小米科技发布“米聊”。

在移动互联网时代，成功者需要“在合适的时间选择合适的创新”。四年来，在腾讯社交网络资源的支持下，微信精准创新、快速迭代，从不起眼的通讯APP发展到涵盖衣食住行的应用平台，打造了移动互联网最大的生态圈，成为蕴含了深刻社会效应和经济活力的现象级产品。

微信公众平台在营销传播和电商领域蕴藏的能量开始显现，激发众多开发者、传统企业、创业企业找寻自己的一席之地。微信平台发生的一切，为“大众创业、万众创新”做好了铺垫。

精准创新，快速迭代

成立于1998年的腾讯公司长期深耕社交网络。1999年发布第一款即

---

* 本案例由中欧国际工商学院朱晓明教授、兼职案例研究员李杨和研究助理任轶凡、兼职研究员宋彦博根据公开资料撰写。该案例目的是用来做课堂讨论的题材而非说明案例所述公司管理是否有效。

① 张小龙：《微信背后的产品观》（2012年7月25日），福布斯中文网，http://www.forbeschina.com/review/201207/0018728_all.shtml，最后浏览日期：2015年11月3日。

时通信软件。2004年在中国香港上市，当时大部分盈利来自移动及电信增值服务。2010年，腾讯实现收入196亿元人民币，营收主要来自互联网增值服务(游戏)。腾讯的原有核心产品是PC端即时通信软件QQ。

2010年年末，移动即时通信市场群雄逐鹿，正值移动互联网、互联网和智能终端有机结合、开放发展的趋势初步形成。截至2010年年底，我国手机网民在总体网民中的比例上升至66.2%[①]。中国智能终端渗透率与使用量逐步攀升，用户的使用习惯发生改变，移动互联网曙光初现。

腾讯公司董事会主席兼CEO马化腾对大势的判断是：

> 移动互联网这个浪潮已经不是一个部门做一个产品那么简单，必须是所有部门的所有产品都要有PC版和移动版，要全面拥抱移动互联网。……不管你多强，但在移动互联网大浪潮面前，稍微疏忽，也许一个月可能就翻船了。要抱着对行业演变的敬畏之心，战战兢兢地做好每一件事情，把服务做好[②]。

腾讯公司犹如一个超级孵化器，拥有1 700多款产品[③]。微信立项之初，QQ团队也在开发移动即时通信产品Q信。最终微信跑在了前面，Q信被砍掉[④]。

时至今日，微信风头已然盖过QQ。微信资产被估值约640亿美元[⑤]。微信已经成为中国人生活的一部分。2014年，69%的受访者用电脑聊天工

---

① 何宗渝、张正富：《CNNIC报告分析：移动互联网、微博、团购兴起》(2011年1月19日)，搜狐网，http://it.sohu.com/20110119/n278974059.shtml，最后浏览日期：2015年11月3日。

② 王可心：《马化腾：微信承载了腾讯国际化的机会》(2013年5月7日)，腾讯网，http://tech.qq.com/a/20130507/000123.htm，最后浏览日期：2015年11月3日。

③ 南七道：《微信、Whatsapp与LINE到底有啥区别?》(2015年1月29日)，新浪网，http://tech.sina.com.cn/zl/post/detail/i/2015-01-29/pid_8470628.htm，最后浏览日期：2015年11月3日。

④ 《马化腾谈微信平台：搭建规则让第三方参与》(2013年5月7日)，新浪网，http://tech.sina.com.cn/i/2013-05-07/18558313836.shtml，最后浏览日期：2015年11月3日。

⑤ 周璞：《微信估值达640亿美元是WhatsApp三倍》(2014年3月13日)，中关村在线，http://soft.zol.com.cn/439/4395913.html，最后浏览日期：2015年11月3日。

具沟通，80％的受访者使用微信沟通[①]。

微信的故事起源于简单的念头。2010年11月19日，时任腾讯广州研发部总经理的张小龙在微博中写下如下一段文字。

> 我对iPhone5的唯一期待是，像iPad(3G)一样，不支持电话功能。这样，我少了电话费，但你可以用kik跟我短信，用google voice跟我通话，用facetime跟我视频[②]。

第二天，微信正式立项。

张小龙是资深产品经理，1997年他就成功开发了Foxmail邮箱，归入腾讯后接手QQ邮箱。微信项目启动后，功能创新、迭代紧锣密鼓。到2012年7月，张小龙当初的设想(短信、通话、视频)通过微信4.2版的发布全部实现。

微信主要的版本功能更新如下。

版本1.0 口号是“能发照片的免费短信”，但因移动运营商的包月套餐壁垒，节省短信费尚难触动用户。

版本1.2 推出了手机图片分享功能。

版本2.0 重点开发了语音通讯功能，开始在用户群中流行，新浪微博每分钟出现一条关于微信的搜索结果。

版本2.5 在国内率先推出“查看附近的人”，在语音服务上叠加LBS(基于地理定位技术)实现陌生人社交功能。

版本3.0 发布了“摇一摇”功能，日增用户数开始以数十万的量级增长，确立了领先优势。

版本3.5 推出二维码功能。

---

① 张静：《互联网用十年改变交流方式八成受访者“微信”会友》(2015年1月26日)，第一财经网站，http://www.yicai.com/news/2015/01/4067619.html，最后浏览日期：2015年11月3日。

② 张小龙：《微信背后的产品观》(2012年7月25日)，福布斯中文网，http://www.forbeschina.com/review/201207/0018728_all.shtml，最后浏览日期：2015年11月3日。

版本 4.0“朋友圈”允许用户将各类文本、图片、音乐、视频等资讯基于私密关系链小范围流转。开放 API 接口打造移动社交平台。

版本 4.5 推出语音/视频通话功能、微信网页版、企业公众账户关注/信息订阅等功能。

版本 5.0 商业机会凸显后，引入微信支付、表情商店、游戏中心、二维码扫描条形码报价、扫描英文翻译、封面、街景等功能。最早的社交游戏“打飞机”在一天内爆红。

……

仅在 2011 年当年，微信就发布了 45 个不同终端的版本，几乎一周一更新，从“能发照片的免费短信”发展成“最受青睐的手机通信软件”。2012 年之后，微信版本更新放缓，但由微创新演变成了结构化的平台创新，触发了富有震撼力的颠覆性效应。

微信用四年时间发展成中国互联网首屈一指的社交平台，杀入本不属于腾讯势力范围的市场，确立了移动互联网平台的战略定位。在增长速度上，微信是 2014 年全球社交平台中的最大赢家。从 2013 年 6 月至 2014 年 6 月，微信(海外版 WeChat)的社交媒体使用率增长 26%，排在所有社交平台的首位，远高于照片墙(Instagram)的 18%。脸谱网(Facebook)和推特(Twitter)是零增长，优兔(Youtube)、拼趣(Pinterest)和汤博乐(Tumblr)是负增长(参见附录 2-1：社交媒体使用率变动)[①]。

“微创新”方法论

小产品可以有大市场。微信平台上创新如云。微信是大公司内部破坏

① 张雷：《2014，微信成为品牌社交媒体营销的最大赢家》(2014 年 12 月 19 日)，好奇心日报网站，http://www.qdaily.com/articles/4526，最后浏览日期：2015 年 11 月 3 日。

式创新的典型案例。

当前微信集社交、电子商务、支付、O2O 等于一体，功能包括：即时通信、朋友圈、通讯录安全助手、QQ 邮箱提醒、私信助手、漂流瓶、查看附近的人、语音记事本、摇一摇、群发助手、微博阅读、流量查询、游戏中心、京东购物、微信公众平台、微信支付、智能硬件接口、JS SDK 接口等。

微信的很多功能并非原创，而是将他人原创应用到自身场景，并将用户体验做到极致。张小龙是这样解读的：

> 微信 4.0 发布，业界评价几乎可简化为一句：抄袭 Instagram 或 Path。但是几乎所有人都没有发掘微信“朋友圈”里有机和精妙之美，也看不到这是在 QQ 关系链上做社交网络服务的风险极大之尝试，以及我们如何借助各种局部的改善来规避这种可能存在的极大伤害用户体验的风险；他们也看不到接口公开介入第三方内容后可能的结构性变化。当用对手们用抄袭来掩饰自身平庸而拒绝创新思考时，他们和我们的差距正在拉大[①]。

在快速迭代开发中，微创新的例子不胜枚举。比如说，语音对讲功能的一个改进就是当距离感应器发生感应时为听筒模式，当手机离开耳朵时改为扬声器播放，这样可以避免用户隐私在大众场合“被广播”。

怎样做到精准创新、快速迭代？微信团队形成了微创新的方法论。

去中心化的组织架构。微创新的思想来自基层。在很多企业中，盈利部门的话语权最强，这不利于长远发展。在腾讯公司，现金牛部门——无线业务系统和互动娱乐系统都无法影响新兴部门的发展。微信团队和核心业务部门没什么关联。最重要的是，微信这个破坏式创新项目没有被纠结的评估

---

① 孙黎：《微信的大产品迭代创新》(2014 年 7 月 3 日)，中国人民大学商学院网站，http://www.embaruc.org.cn/newsDetail.php@id=913.html，最后浏览日期：2015 年 11 月 3 日。

程序过滤、雪藏。

产品经理负责的小团队化。微创新和标准化制造流程不同，无法在流水线上完成。精悍小团队、突破传统流程窠臼的大胆尝试才是微创新的特征。开发中，张小龙全力保持小团队开发模式，对每个小团队进行充分授权，简化合作流程，充分调动成员的主动性、积极性。

借力创新、快速迭代。微信“杀手锏”背后的技术简单且非原创，这些功能利用了智能手机平台提供的结构化功能，比如语音对讲对应智能手机的麦克风和扬声器、“查看附近的人”对应 GPS 定位模块、“摇一摇”对应重力感应模块……这些创新来源于对底层技术和功能模块基于用户体验的重新组合，根据“简单是美”的人性原则把握需求、处理细节。看起来好像都可以模仿，但没有同类应用赶得上微信团队推陈出新的节奏。

少就是多，反向迭代。从初始版本至今，微信没有一味增加用户建议的功能，甚至去掉了一些功能，用户的便捷性、易用性和想象空间反而被拓宽了。比如说，在苹果手机 iMessage 之中，用户能够看到发送的信息是否已经被阅读，而微信团队就化繁为简，没有让可能带来强制回应的功能困扰用户。微信团队认为，反向迭代非常必要。好产品不在于功能繁多，而在于不让用户觉得累赘。

动态管理，阶段化迭代。好创意随时出现，用户喜新厌旧，原有资源优劣势不断转化，微创新执行团队人员经常流动，因此在产品开发中要不断设定阶段化目标，并实现动态管理。

开放接口，搭建平台。过去腾讯善于模仿竞争对手产品，将其消化吸收进来，封杀了不少中小企业的产品成长空间。近年来腾讯调整心态、逐渐将产品开放，在 http：//open. qq. com/搭建开放平台，发布《互联网开放平台白皮书》，吸纳第三方应用。平台思维在微信开放 API 接口、打造商业化平台上得到了体现。

平台服务创新

微信已经成为腾讯公司新的灵魂。作为国际化业务的开路先锋，对抗百度和阿里扩张的筹码，入股大众点评、入股京东……腾讯战略部署离不开微信的流量。2014年5月6日，腾讯公司宣布成立微信事业群，由张小龙担任总裁，意味着微信从移动社交产品升级为腾讯的战略级业务体系。

微信是移动互联网平台。平台以开放为前提。腾讯公司董事会主席兼CEO马化腾这样思考平台定位：

> （相比于产品）我们更关注经济体系，做一个平台，让很多的合作伙伴在上面开发。……看到有任何新的商机能够从平台、商业化，以及与我们的合作伙伴如何共赢的角度去考虑，你才有可能长期生存[①]。

以微信公众平台向服务号免费开放九个技术接口为例。南航、招行、广东联通等企业可以利用技术接口定制个性化的精准服务，发挥想象力开发“智能客服”。比如“海尔智能空调”微信公众号就用到了语音识别功能。用户告诉微信需要的温度、风速、模式等，微信可以向空调发出指令来进行调节；关注“中国互联网电视”微信公众号，用户通过语音“告诉”微信就能调台，解决了遥控器难以文字输入的弱点（参见附录2-2：微信开放的九个技术接口）。

微信优化了社会公众的网络交流方式。以“朋友圈”的关系链用户体验为例，微信团队将借鉴的Path模式做了精细改造：对用户关系进行精密的隔离与控制，强关系链范畴内的好友才可以看到它并且评论，不同关系链内

① 王可心：《马化腾：微信承载了腾讯国际化的机会》（2013年5月7日），腾讯网，http://tech.qq.com/a/20130507/000123.htm，最后浏览日期：2015年11月3日。

的各项内容隔断并有准确的衔接点。

精细化的功能创新打击了竞争对手米聊和新浪微博。2012 年全年，新浪微博的活跃度同比下滑至少 30%，而在同一年，3 亿微信用户的朋友圈活跃度上升到 60%以上[①]。

微信是服务创新的平台。自底层至应用，微信的平台创新可以分为以下四个层次。

服务集成：在商业圈层面，主要指各类 O2O 服务创新。

生态系统：在产业机会层面，主要衍生于公众平台的创业/创新机会。

快速迭代：在产品功能层面，包括摇一摇、朋友圈等。

渐进式创新：在底层技术层面，以智能识别、数据应用类创新为例。

基于社交网络，微信搭建了与传统行业密切关联的生活服务平台。在生态系统/产业机会层面，微信公众平台跨界生长，衍生了海量创业/创新机会；在服务集成/商业圈层面，微信支持多种 O2O 服务创新。

与微博类似，微信有天然的媒体属性。调查显示，每天打开微信 10 次以上的用户占比超过 60%。高用户黏性使得微信成为用户获取资讯的主要渠道。40%用户通过微信公众号、微信群、朋友圈等获取信息。73.4%用户关注微信公众号[②]。在微信公众平台上，一些博客时代悄然隐退的自媒体、作者重新投入，平台上出现了越来越多的原创文章。

2013 年 7 月—2014 年 6 月，微信带动的信息消费规模达到 952 亿元，相当于 2013 年中国信息消费总体规模的 4.24%。流量消费是微信对信息消费最明显的促进。此外，微信还带动了游戏、公众平台等信息消费[③]。

---

① 孙黎：《微信的大产品迭代创新》(2014 年 7 月 3 日)，中国人民大学商学院网站，http://www.embaruc.org.cn/newsDetail.php@id=913.html，最后浏览日期：2015 年 11 月 3 日。

② 中国信息经济学会：《〈微信社会经济影响力研究报告〉在京发布》(2014 年 12 月 26 日)，腾讯网，http://tech.qq.com/a/20141226/038806.htm，最后浏览日期：2015 年 11 月 3 日。

③ 同上。

微信的商业化尝试并不急迫。游戏分发、流量导出、理财产品、付费贴纸、移动端信息流广告都被提及。微信 5.0 将公众号分成了订阅账号和企业账号，越来越多的商家通过微信公号激活用户、丰富用户体验。微信平台可以帮助企业建立专属的通信服务渠道，从中收取服务费也是理所当然的（参见附录 2-3：微信公众平台的影响力）。

微信平台自身的服务创新体现在多客服系统、微信小店、微信广告、微信登录、智能平台、硬件探索等方面。

微信小店已经成为众多小商家快速开店的渠道，且在客户端提供原生支持，现在拥有微信支付能力的商家中有 95%都已开通微信小店；微信和广点通合作推出了微信广告，已有超过 10 000 家广告主接入进来，结合微信的大数据能力满足广告主的精准推广。

微信支付形成 O2O 闭环

调查显示，20%与微信合作的品牌是看中微信带来的品牌黏着度。

奢侈品牌在微信平台上的投入同在脸谱网和优兔等社交平台的数字化营销最大的不同点在于，着重使用微信最大的特点——互动性。微信的双向关注以及个人信息的保密性也让微信渠道具有更高的到达率和有效性。LV 开通微信公众号，推行“一对一”的客户服务；卡地亚的公众号可以借助 LBS 定位功能即时获取最近的门店地址、地图、联系方式和导航信息；在海外购物时，还能使用“作品翻译”查询产品信息，方便地与海外店员沟通[①]。

微信平台的商业化步调走得不急，与基础设施——微信支付的成长有关。

① 张雷：《2014，微信成为品牌社交媒体营销的最大赢家》（2014 年 12 月 19 日），好奇心日报网站，http：//www.qdaily.com/articles/4526，最后浏览日期：2015 年 11 月 3 日。

微信5.0发布以来，平台战略逐渐明确，微信支付已有扫码支付、App内支付和公众号支付等形式，有当当、优酷、大众点评、京东等第三方接入，话费充值、买电影票、买彩票、买咖啡等皆可实现。2013年11月28日，微信联合小米举行专场抢购活动，不到10分钟，15万台小米手机3被抢购一空①。

微信平台提供微信支付、LBS定位、会员服务、样品展示、语音聊天和实时对讲机等功能，都可以是盈利点。比如说美容品牌，得益于微信平台的展示和会员服务功能，得到的关注度和“点赞数”是最多的（参见附录2-4：微信分行业品牌互动性表现）。

微信支付是微信商业化的关键。微信支付强调“一键支付”，线上线下交易形成O2O闭环，直接挑战支付宝。2013年，微信支付用户从零增长到1 000万只用了三个月，每天还以超过10万新增用户的速度在增长②。

微信支付的杀伤力通过淘宝的屏蔽行动得以展现。原先大量淘宝商铺有微信公众号，当用户在微信加入自己的银行卡、扫描二维码实现交易和支付，绕过收“过路费”的便捷支付通路开始形成，腾讯生活电商部门将微信支付的二维码铺设到线下千万家商铺，迫使阿里巴巴以安全名义屏蔽来自微信的访问。

微信红包是微信支付打响的突围战。场景独特的微信红包依托社交关系链帮微信支付绑定用户银行卡，成为切入移动支付领域的神秘武器。从微信红包可以看出微信支付的规模增长和商业潜力。

为了抢红包大战，腾讯内部有一支横跨近20个部门的团队在支撑。而微信的“摇一摇”也从“查找附近的人”转向更多商业化功能。选择“周边”，可以让用户摇到附近的商户并获得红包、优惠券、室内导航等。

---

① 恰克：《小米晒微信销售成绩单：15万台小米3十分钟售罄》（2013年11月28日），网易网，http://tech.163.com/13/1128/15/9EPD6ISE000915BE.html，最后浏览日期：2015年11月3日。

② 汤浔芳：《支付战争：支付宝与微信的巅峰对决》，《21世纪经济报道》，2013年11月25日。

微信携企业商家通过“发现→摇一摇”的入口向用户随机发送现金红包。2014年除夕夜,抢红包的总人数达到482万人次,领取到的红包超过2 000万个,平均每分钟领取红包9 412个。到了2015年春晚,微信“摇红包”成了全民狂欢,“摇一摇”总数72亿次,峰值8.1亿次每分钟,送出微信红包1.2亿个[①]。

全球定位与全球化

在移动即时通信领域,腾讯的微信与美国的WhatsApp、日本的Line已经成为全球三极。这些产品都有免费信息、语音、LBS社交、通讯录关联等,也存在着产品思维、商业模式、文化背景的差异(参见附录2-5:移动即时通信产品对比)。

崇尚简洁的WhatsApp专注于通讯社交服务,从诞生之初定位就是手机短信的替代品。WhatsApp的口号是“没有广告、没有游戏、没有花招”(No Ads,No Games,No Gimmicks)。用户永久性在线,没有表情符号等新潮功能,承诺永久性没有广告,仅限于群组或私人聊天。

WhatsApp在用户注册后免费试用一年,之后每年收费0.99美元。在中国台湾,WhatsApp遭遇Line的免费挑战。WhatsApp联合创始人布莱恩(Brian)表示:“我们改变了在中国台湾的商业模式,施行免费,但是已经失去了机会。”[②]

2014年2月19日,Facebook宣布以190亿美元的价格收购WhatsApp。在全球即时通信市场,腾讯的竞争对手就是Facebook。2014年上半年,WhatsApp亏损2.3亿美元,被收购后放缓了商业化计划。

---

① 《除夕红包你抢到了吗?——春晚微信“摇一摇”红包高峰期一分钟摇动8.1亿次》,《京华时报》,2015年2月19日。

② 南七道:《社交巨头三国杀:微信、WhatsApp、Line区别在哪?》(2015年1月29日),网易网,http://tech.163.com/15/0129/10/AH4E7HB7000948V8.html,最后浏览日期:2015年11月3日。

与 WhatsApp 相比，Line 功能丰富，更像微信：包括免费通话、免费短信、全天候在线、丰富的贴图和表情、更换背景、群聊等。其最大的产品特色是聊天表情贴图。截至 2014 年 10 月，Line 注册用户达到 5.6 亿，全球月活跃用户达到 1.7 亿。除了日本，泰国、印度尼西亚、西班牙和中国台湾地区都是其重要市场。

Line 的衍生产品各自独立运行，包括贺卡、相机和图片美化、游戏、绘画、地理位置和兴趣群组、三款社交游戏、防病毒、私密社交圈、天气发布、漫画阅读等数十款。据统计，Line 用户每六句就有一句表情贴纸。Line 表情贴纸收入每月超过 1 000 万美元。开放针对企业和明星的官方账号和广告也是收入来源。游戏业务作为是 Line 的核心收入，比重超过 50%。

三极之中，微信的平台特征最为明显。相比搜索和电商，移动通信服务更容易跨越国界，服务于全球用户。当前微信语种已经扩充到了超过 20 种，微信在 2012 年拿下 15 个国际市场的社交类苹果商店应用第一位，拥有超过 4 000 万海外用户。从东南亚、拉丁美洲、南非到欧美市场，腾讯正大举开拓国际化业务。在欧美市场，微信一项促销活动规定，任何用户邀请五位朋友注册微信，就将获得一张价值 25 美元的礼品卡[①]。

2014 年 Facebook 广告收入超过 55 亿美元，移动端广告收入占比超过 66%。而腾讯 2014 年第三季度财报显示，当季广告收入为 24.4 亿元，仅占总收入的 12%，显示移动端广告成长空间广阔。

公众平台激发“万众创新”

腾讯公司的微信官网上写道：“微信，是一个生活方式。”

---

① 南七道：《社交巨头三国杀：微信、WhatsApp、Line 区别在哪?》(2015 年 1 月 29 日)，网易网，http://tech.163.com/15/0129/10/AH4E7HB7000948V8.html，最后浏览日期：2015 年 11 月 3 日。

互联网重构了中国消费者的生活方式。比如说，十年前六成消费者去电影院看电影，2014 年，69％的人是用在线或下载的方式看电影，49％的人用移动设备端看电影。春晚接近“背景音乐”和“点播节目”，这是过去无法想象的。

同样超出预期的是中国企业的创新能力。曾几何时，中国互联网产品被认为是硅谷创新产品的翻版。腾讯 QQ 就曾深度借鉴 ICQ，但是中国网站通常拥有更具互动性和趣味的创新服务，经常把硅谷的“老法师”打得丢盔卸甲。

在中国市场，腾讯好比 AOL、Facebook、Skype、Yahoo、Gmail、Norton 和 Twitter 组成的帝国。在移动通信领域，微信的功能远超 WhatsApp。和微软 Skype 相比，微信可以选择是否回复以及何时回复他人的消息。微信可以通过“查看附近的人”和陌生人交流。“朋友圈”可以把公开相册分享给好友群，类似 Instagram。

微信已经演化成为移动互联网的生态系统。对于微信搭建的生态系统，张小龙这样描述：

> 我们希望建造一个森林，去培育环境，让动植物能够自由生长。……我们希望公众平台是一个动态的系统。我们并不认为一个规则 100％确定的系统就是好的系统。相反，动态的系统更加能够获得动态稳定。所以，第三方跟我们一起来共同建造一个系统，而不是我们做好了完整的系统。这个系统应该是动态自我完善的，而不是僵死的，所以你会看到微信公众平台不断有些变化。这些变化让我们的系统能够获得动态的稳定。……所有的考虑都会基于一个前提，就是用户价值第一[①]。

---

① 张小龙：《微信公众平台的八大法则》（2014 年 12 月 11 日），腾讯网，http：//tech. qq. com/a/20141211/026981. htm，最后浏览日期：2015 年 11 月 3 日。

微信公众平台丰富的功能和服务创新带来大量创业与创新机会。消费者可以在各种场景进行购物交易、预订酒店和机票、购买金融产品……每一个场景关联到一个传统或创新的行业。微信世界好比拓荒时代的西部，到处都有淘金的空间(参见附录 2-6：微信带来的创业机会)。

微信公众平台为什么能够鼓励创新？张小龙有着“去中心化”“去中介化”的思想。微信正在把连接客户的能力下发给企业，而非据为己有、收取场地租金。企业需要主动地建立新的连接客户模式。这一切无关智谋和计算，是对新生婴儿的深沉期盼。

张小龙的梦想刚刚起步。作为创业和创新平台，微信已经在中国产生了同行无法比拟的社会效应。

据测算，2013 年 7 月—2014 年 6 月，微信带动就业人数为 1 007 万，其中微信公众平台带动就业为 978 万，微信应用平台约 30 万；直接就业人数 192 万人，间接就业人数 815 万人(参见附录 2-7：微信对社会就业的影响)。继淘宝集市之后，微信平台已经成为当前中国社会中小微创业者的主流舞台。

从掌心开始的移动互联网浪潮正在席卷中国社会生活的方方面面。商业沧海桑田，组织革故鼎新，各种更快速更具效力的模型被提出、被实践。微信是这股创新浪潮的扛鼎之作。

根植于微信平台的关系链和生态系统，普罗大众的探索与创造活动生机勃勃。

“万众创新”值得期待。

点评 1

生产型消费者(prosumer)时代的成功典范

叶巍岭*

微信官网上写道："微信，是一个生活方式。"很多人觉得这句话太普通，如果你也这么想，那可能是因为你并不清楚洞察"生活方式"的意义。简单地说，生活方式是个人的活动方式和行为特征，对于商业的意义是它决定了一个人时间和金钱的分配方式。从微信的成功，以及案例中所写的微信激发的各种成功创新，都反映了互联网时代企业对消费者重新认知后的成功。

100 多年前，机器取代手工，工业革命将生产者和消费者分成界线分明的两个半球，大家"各司其职"。100 年后，这种清晰的分界线在逐渐消融，未来学家阿尔文·托夫勒(Alvin Toffler)于 1980 年在《第三次浪潮》[①]里创造了"prosumer"一词，意为生产者(producer)和消费者(consumer)的融合。在随后的 20 年里，这一概念并没有成为研究和实践领域的热议话题。

进入 21 世纪，互联网普及，阿尔文·托夫勒和海蒂·托夫勒(Alvin Toffler & Heidi Toffler)[②]以"即将到来的生产型消费者狂潮(coming prosumer explosion)"为题重新开启这一话题。随之而来，我们可以注意到这一概念在最近十年大爆发，在营销领域，消费者这一名词在不断更新为后消费者(post-consumer)，价值共同创造者(value cocreator)，工薪阶层消费者(working consumer)，娱乐劳动力(playbor)，数字劳动力(digital labor)，以及基于行为者网络理论(actor network theory，ANT)的消费-行为者(cosum-

---

* 叶巍岭，上海财经大学国际工商管理学院市场营销系副教授。

① Toffler, A., *The Third Wave*, New York, NY: William Morrow, 1980.

② Toffler, A. & Toffler, H., *Revolutionary Wealth: How It Will Be Created and How It Will Change Our Lives*, New York, NY: Alfred A. Knopf, 2006.

actor)名词的诞生,都反映出理论界对现实的深刻洞察及预见力。

事实上,消费者参与产出(供给)活动并非新鲜事。与托夫勒同时代的学者们在研究自助服务时,他们惊喜地发现,消费者并没有觉得自助带来劳动的增加,反而感觉到的强烈的精神解放,尤其是大量的"穷"消费者,他们觉得自助服务令他们免受店主或服务员的冷眼嘲笑,这种方式令店主与顾客都更为独立,甚至增进了社区的和谐。消费者们因此对使用各种自助设备乐此不疲,这些设备继而得以推广发展,最常见的就是超市手推车。

我们今天觉得以手推车为典型设备的自助式购物是多么自然的事,但是有意思的是,20 世纪 40 年代的杂货店老板们可不喜欢这些自助设备,因为这不符合他们对商店和购物者的认知。即使推广这一利器的人说自助设备可以降低人工成本,但是,店主们并不觉得服务是成本,相反,他们认为服务是对顾客忠诚的投资。他们是如此依恋在商店里为顾客选择货品提供人工服务,如此依恋将商品供给权控制在自己手中的感觉,他们认为这是商店专业能力的差异所在。可是,事实是,愿意使用手推车开架销售的商店最终迎来了更多的顾客,这些顾客享受着自由购物的感觉,享受着由供方释放的购物浏览"控制权"。

事实上,手推车在杂货店(后来叫超市)的推广,被看成是革命性的,因为它没有借助某种消费主义运动就将部分劳动让渡给了消费者,让消费者心甘情愿承担购物中的部分劳动却成功提高了销售额。不仅如此,由于消费者的大量使用,手推车在不断改进,从儿童座手推车,到购物数据收集设备,一方面零售商提供更丰富的购物体验价值,另一方面数据本身向零售商提供了大量有价值的管理改进信息。

今天,手推车变成了手机和网页,一方面,这些产品的改进来源于消费者的不断使用;另一方面,消费者们在使用的同时承担着更多的供给职责却心甘情愿,他们不觉得自己是工人。就在这种无意识的价值共创中,消费者为互联网企业了带来收入。这些 prosumer 就是谷歌、维基和百度，新浪和脸谱网，淘宝和亚马逊，推特和微信，以及订餐、打车、听广播等各种平台的用户，没有他们，就没有这些产品的存在。

尽管传统思维中的企业们，和当年拒绝手推车的店主一样，还不愿意接受向消费者释放生产（供给产出）控制权的做法，但是计算机和互联网的普及，使 prosume 时代的来临就像工业化时代来临一样，势不可挡①。

不仅是新生代消费者，从旧时代走过来的消费者们也在努力“变”成 prosumer，有些 prosumer 确实因为参与生产得到报酬（例如亚马逊调研发布平台 Mturk 的工人们）；更多的 prosumer 是没有报酬的，但是他们却乐此不疲地消费（同时产出）着。我们可以将 prosumer 特征总结为：第一，prosumer 参与了产出（产品或服务制造）却一无所知（或者表示出无所谓）；第二，在购买（消费）产品或服务的同时，消费者也在付出劳动，创造价值；第三，prosumption 的全过程表现出来的是有意识的积极态度（例如他们觉得参与生产充满乐趣），而不会有刻意的抵制②。

毫无疑问，微信用户以及微信平台上的成功创新，无一不是利用了 prosumer 的快乐消费（生产）特征。无论你把今天的微信用户称为什么，在这一系列创新面前，“消费者”作为“生产者”的对立面，已经成为一个历史性名称。那些将生产者和消费者作为对称的、分立的、两面的认知，都称为“传统观念”，无论是实践还是研究，固守传统就将面临被淘汰的命运③。

总而言之，微信启动的产销合一（prosumption）可以看成是生产和消费

① Ritzer, G., “Focusing on the Prosumer: On Correcting An Error in the History of Social Theory”, in Blättel-Mink, B. & Hellmann, K.-U., eds., *Prosumer Revisited*, Wiesbaden, Germany: Verlag für Sozialwissenschaften, pp. 61－79.

② Cochoy, F., “Consumer at Work, or Curiosity at Play? Revisiting the Presumption/Value Cocreation Debate with Smarphones and Two-dimensional Bar Codes”, *Marketing Theory*, 2015, 15(2), pp. 133－153.

③ Ritzer, G. & Jurgenson, N., “Production, Consumption, Prosumption: The Nature of Capitalism in the Age of the Digital ‘Prosumer’”, *Journal of Consumer Culture*, 2010(10), pp. 13－36.

结合的最优实例，这一过程中，prosumer 既拥有生产者的控制权，又可以享受消费的乐趣；既感觉不到被外界控制，也感觉不到受广告的剥削[①]。prosumer 无论线上还是线下，在 prosumption 中不仅获得物质的回报，还得到精神上的享受。对于那些提供 prosumption 想法的企业(微信及其平台上的各种创新)而言，他们要么从出售相关产品中获利，要么因为庞大而精细的数据数据库而获利。

① Chia, A., "Welcome to Me-Mart", *American Behavioral Scientist*, 2012, 56(4), pp. 421 - 438.

点评 2

微信微创新之生命力

徐　强*

微信从 2010 年立项,用四年的时间发展成为移动互联网平台的老大,这样的成功离不开腾讯帝国鼓励内部创新的企业文化。腾讯在已经拥有 QQ 这样成功的一款社交产品背景下,能够把握移动互联网趋势,研发出微信产品具有相当大的魄力和远见。而且这一产品是由广州研发中心张小龙带队而不是 QQ 团队实现的,更体现了腾讯内部对待创新项目的开放态度。腾讯给予每一个创新团队和项目最大的支持,将企业自身作为一个超级孵化器,开发了约 1 700 多款产品,成就了其不可撼动的互联网帝国地位。可见,内部创新对于企业发展和生存的重要性,尤其是对于互联网企业,创新是与时间赛跑的一件事。

微信的案例在当今这个以“互联网+”为主题的万众创新时代非常有代表性。最初,微信的成功源自其产品团队在开发过程中始终以服务作为切入点,以用户体验为中心进行“微创新”。而后,微信由一款单纯的移动通讯 App 成长为当今足以支撑移动互联网最大生态圈的平台级产品,则是因为它以一种开放和拥抱的态度进行发展。

“微创新”的概念最初是由奇虎 360 公司总裁周鸿祎针对互联网产品创新提出的。随着技术的不断革新,尤其是移动互联网的普及,互联网用户已经由最初的少数特定人群扩展到全民。用户群体的改变也促使着互联网产品由技术为导向转变为以用户体验为导向。哪种产品能够直击用户群体的需求痛点,能够提供更好的服务体验,就能够获得爆发式增长的用户数量。

---

* 徐强,中欧国际工商学院 EMBA2013 级学员,上海巧韵建设工程有限公司董事长。

“微创新”抛弃了做产品就要做一个大平台的思维模式，聚焦于特定的用户群体，贴近用户需求心理，从小处着眼，从细节出发，通过快速出击，不断试错的方式将产品的用户体验做到极致，达到一针见血的效果。

在全民创业的时代，有“微创新”是互联网创业第一方法论的观点。新的产品并不需要一个全新的点子(idea)。只要能够围绕用户需求的一级痛点不断迭代提升用户体验，创业者就能从无到有或者是在前人产品的基础上创造出一款新的优秀产品。微信就是一种“微创新”的产物。移动即时通讯软件在微信产品立项之前就已经非常火爆。微信是从引爆 appstore 的移动即时通讯软件 kik 开始的，与它同时出现的产品包括“个信”“米聊”等。微信能够从众多 kik 的模仿者中脱颖而出，不乏腾讯公司在社交领域深耕多年，能够轻易转化积累用户的原因，更深层次的原因在于微信团队更为精准地抓住了用户的需求痛点，为用户提供了更为简洁舒适的通讯和社交体验。

微信产品的“微创新”主要体现在以下几点。

语音通讯。语音通讯并不新鲜，但在早期版本中，微信就重点开发了语音通讯功能，这显然比文字短信能够带来更好的用户体验，也因此给微信带来了大批新用户。

与陌生人的交流。LBS(基于位置服务)是移动互联网最大的优势之一。微信利用“附近的人”这项功能，在国内率先将通讯与 LBS 结合起来，实现了陌生人之间进行交流的可能。随后，更是在智能手机非常普通的重力感应功能的基础上进行微创新，推出“摇一摇”功能，使得与陌生人之间的交流变得更加简单有趣，也使得微信的用户数出现了爆发式的增长。

交际圈的划定。基于图片分享的社交应用 Instagram 非常成功。微信将这一功能集成到 4.0 版本中，着重推出了“朋友圈”功能。这一功能非常贴心和清晰地为用户划出了两个圈——自己的交际圈和陌生人。“朋友圈”中的人就是自己的圈内人，圈内人可以自由地分享图片、视频、文本等资讯。陌生人则需要通过“附近的人”和“摇一摇”等功能搭讪。这样，圈内圈外的交流都非常方便。

保护用户隐私。微信对用户隐私的保护体现在诸多方面，例如，朋友圈的评论只有双方共同的朋友可见，取消用户在线或隐身的显示，语音通讯在用户耳朵贴近和离开手机时采用不同的方式播放等。这种友好对待用户的做法必然赢得用户的青睐。

可以说，微信的开发过程中极少有原创的技术或者点子，而是通过不断地挖掘最贴近用户的需求，借鉴已有的技术和产品进行“微创新”，将自身的用户体验提升到极致来取得成功。在挖掘用户需求的过程中，微信也始终遵循简单就是美的原则，只选择那些最“傻瓜”、最易用，也最实用的功能。对于每一项功能，微信都做到了精心设计细节，快速地迭代改进，努力提高用户友好度。这就是微信能够迅速占领市场的重要原因。

“微创新”使得微信成为了一款无与伦比的移动即时通讯 App，但并不足以使之成长为一个生态系统。微信能够造就当今最大移动互联网平台的原因在于腾讯公司发展心态的转变。以往，腾讯的发展方略非常残酷，经常以自身雄厚的技术实力模仿新兴产品，借助自身强大的用户黏性挤压新兴公司的发展。而在微信的发展过程中，腾讯一改往日作风，采用了开放包容、合作共赢的态度，努力将微信打造成一个信息消费平台。通过免费开放公众平台技术接口使微信上出现了大量富有想象力的新功能。通过入股大众点评开放二级入口，腾讯在布局本地生活服务领域迈出了一大步。通过入股京东商城开放一级入口，腾讯在电商领域也能占据一席之地。通过微信支付打通 O2O 链条中的最后一环，微信的生态系统变得更为完整。

现今，微信已经成为腾讯的战略级平台产品，是其对抗阿里、百度的重要筹码。微信立项初期“微创新”的方法和产品成功后开放包容的态度非常值得创业者们学习。

附录 2-1：社交媒体使用率变动(2013 年 6 月至 2014 年 6 月)

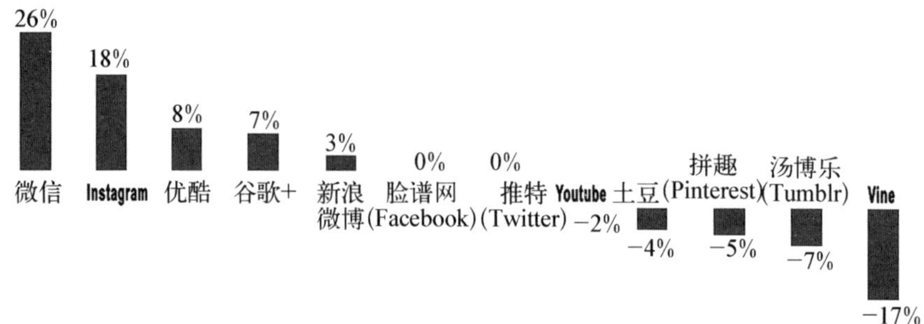

资料来源：“Social Platforms：L2 Assesses The Social Investment And Performance of 382 Brands Across 17 Platforms”，L2 Inteligence Report，http：//www. l2inc. com/social-platforms/。

附录 2-2：微信开放的九个技术接口

权限

权限	描述
语音识别	通过语音识别接口，用户发送的语音，将会同时给出语音识别出的文本内容。
客服接口	通过客服接口，公众号可以在用户发送过消息的12小时内，向用户回复消息。
OAuth2.0网页授权	通过网页授权接口，公众号可以请求用户授权。
生成带参数二维码	通过该接口，公众号可以获得一系列携带不同参数的二维码，在用户扫描关注公众号后公众号可以根据参数分析各二维码的效果。
获取用户地理位置	通过该接口，公众号能够获得用户进入公众号会话时的地理位置（需要用户同意）。
获取用户基本信息	通过该接口，公众号可以根据加密后的用户OpenID，获取用户的基础信息，包括头像、名称、性别、地区。
获取关注者列表	通过该接口，公众号可以获取所有关注者的OpenID。
用户分组接口	通过分组接口，公众号可以在后台为用户移动分组，或创建、修改分组。
上传下载多媒体文件	通过该接口，公众号可以在需要时在微信服务器上传下载多媒体文件。

附录 2-3：微信公众平台的影响力

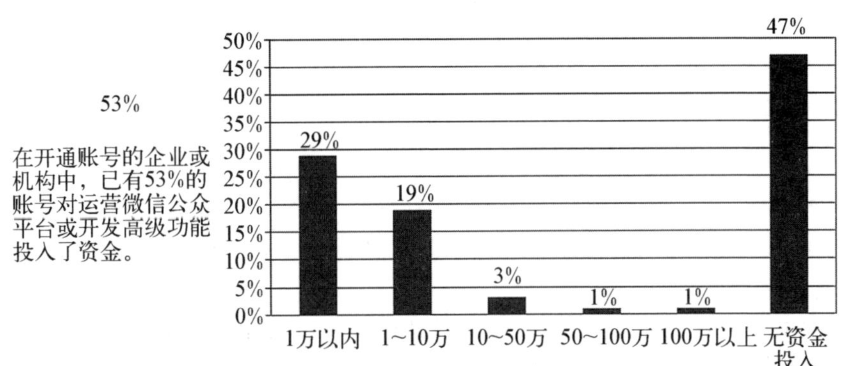

资料来源：中国信息经济学会：《〈微信社会经济影响力研究报告〉在京发布》(2014 年 12 月 26 日)，腾讯网，http：//tech. qq. com/a/20141226/038806. htm，最后浏览日期：2015 年 11 月 3 日。

附录 2-4：微信分行业品牌互动性表现

2014 年 8 月 总数(n)=170 个账号

	美妆 n=26	零售 n=21	汽车 n=28	时尚 n=30	运动 n=19	个人护理 n=14	手表/珠宝 n=29	啤酒 n=3
每个帖子的平均阅读量 1 842	5 401	2 675	1 669	958	814	715	428	161
每个帖子的平均点赞数 6.6	12.0	7.7	10.3	3.9	3.7	5.7	2.8	0.9

资料来源："Social Platforms：L2 Assesses The Social Investment And Performance of 382 Brands Across 17 Platforms"，L2 Inteligence Report，http：//www. l2inc. com/social-platforms/。

附录 2-5：移动即时通信产品对比

应用	国家	用户数	月活跃数	产品服务	商业模式	文化背景
微信(Wechat)	中国	约 7 亿	4.38 亿	集社交、电子商务、支付、O2O 等多种产品于一体	广告、游戏分发等	大而全的中国文化
Whatsapp	美国	近 10 亿	7 亿	限于群组或私人聊天，包括语音、文字、照片、视频、地理位置等	0.99 美金年费	美式清教徒主义
Line	日本	5.6 亿	1.7 亿	以社交产品 Line 为核心，同时发展相机等周边衍生产品	游戏、贴纸、广告	萌漫文化

资料来源：南七道：《社交巨头三国杀：微信、WhatsApp、Line 区别在哪?》(2015 年 1 月 29 日)，网易网，http：//tech. 163. com/15/0129/10/AH4E7HB7000948V8. html，最后浏览日期：2015 年 11 月 3 日。

附录 2-6：微信带来的创业机会

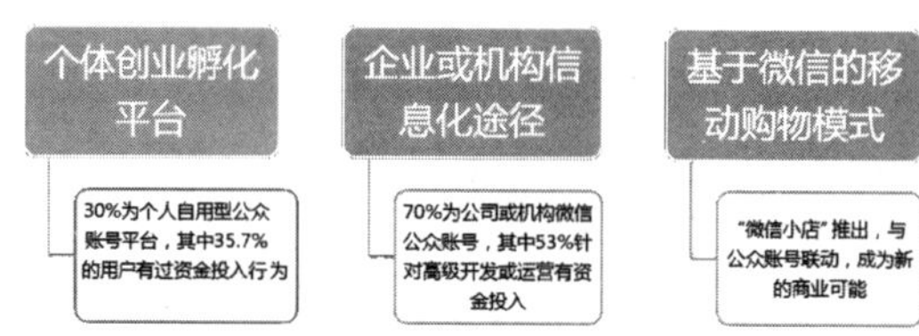

资料来源：腾讯科技：《微信平台首份数据研究报告出炉：从微信的影响力看世界》(2015 年 1 月 27 日)，中商情报网，http://www.askci.com/bschool/2015/01/27/9395ctp0.shtml，最后浏览日期：2015 年 11 月 3 日。

附录 2-7：微信对社会就业的影响

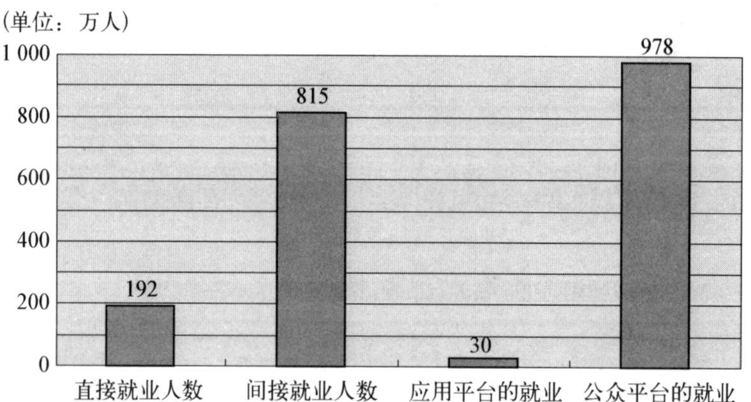

资料来源：腾讯科技：《微信平台首份数据研究报告出炉：从微信的影响力看世界》(2015 年 1 月 27 日)，中商情报网，http://www.askci.com/bschool/2015/01/27/9395ctp0.shtml，最后浏览日期：2015 年 11 月 3 日。

案例三
上海通用：通往智能制造的路*

在上海通用汽车有限公司（以下简称"上海通用"）位于上海金桥的工厂内，车身焊接生产线上的主角是一排排黄色机器人，它们从早忙到晚忙碌着，一丝不苟，井然有序，手臂上下翻飞、左右伸缩。一辆辆原始车身经过它们的焊接后，移动到生产线的末端，在那里迎接它们的是两位操作工人，他们负责检查机器人的工作成果。他们与机器人一起，每分钟向下一个工艺生产线输送一辆车。

上海通用的这条生产线达到智能化了吗？"有距离"，上海通用一位高级经理解释道，"所谓的智能化是机器可以去自主判断制造的，但我们这套系统的判断能力还比较有限，我们目前可以实现五六种车型共线生产。通过给机器人设定不同的程序，实现它们对不同车型的判别"。

智能制造是上海通用希望努力的方向。他们一方面要继续提高生产效率，另一方面要力求满足客户越来越强烈的个性化定制需求。然而，如何从他们目前的生产模式转变为智能化模式，对他们来说还是一个课题。他们必

---

* 本案例由中欧国际工商学院朱晓明教授、案例研究员朱琼和研究助理任轶凡共同撰写。在写作过程中，也得到了上海通用汽车有限公司的协作与支持。该案例目的是用来做课堂讨论的题材而非说明案例所述公司管理是否有效。

须思考：转变中如何控制成本？如何让设备与设备之间、设备与人之间通过互动实现智能化？如何通过虚拟仿真提高制造的效率？

上海通用概览

上海通用成立于1997年，由上海汽车集团股份有限公司、通用汽车公司共同出资组建。截至2014年年底，拥有浦东金桥、烟台东岳、沈阳北盛和武汉四大生产基地。其别克、雪佛兰、凯迪拉克三大品牌下携29个系列产品，覆盖从高端豪华车到经济型轿车各梯度市场，以及高性能豪华轿车、MPV、SUV、混合动力和电动车等细分市场。2014年上海通用全年销售1 760 158辆乘用车，位列中国乘用车厂商销量第二。2013、2012年，它分别以1 575 167辆、1 392 658辆位居第一。

从1997年在上海浦东金桥打下建厂的第一根桩，到第一辆车下线，上海通用用了23个月时间。与那些自主品牌汽车企业不同，上海通用自诞生起，就可以参考外资合作方美国通用汽车的成熟制造和管理模式。它的信息化运营体系的打造、生产自动化的建设，也从那时开始稳扎稳打地实施。

如果按照西门子PLM软件大中华区首席执行官兼董事总经理梁乃明的说法，中国制造的未来之路（智能制造），可以从打造数字化的企业或工厂起步[①]，那么，上海通用自成立始，就踏上了这条通往智能制造之路。

智能制造

何为智能制造

智能制造是一种由智能机器人和人类专家共同组成的人机一体化智能

① 耿军：《Siemens PLM梁乃明：未来制造从数字化工厂起步》(2013年12月19日)，比特网，http://soft.chinabyte.com/390/12810390.shtml，最后浏览日期：2015年11月4日。

系统，在制造过程中进行诸如分析、推理、判断、构思和决策等智能活动。它把制造自动化的概念扩展到柔性化、智能化和高度集成化①。

在 2014 年德国汉诺威工业博览会上，一个由多家德国公司联合研发的“智能工厂”向外初步展示了智能制造的情景：展台上一条生产线正在生产名片盒，关于制作这一名片盒的所有信息都被通过互联网输入产品零部件本身，因此，这些零部件能够与生产设备进行信息交流，进而指挥设备“你应该这样生产我”。这样的场景，在一些专家看来，在未来的智能工厂中只能算是“小菜一碟”，因为在将来，工厂里所有的设备、原材料、运输车辆、机器人都能彼此沟通、自主决策。原材料会跟加工设备联系，“我需要找哪台设备进行加工”，然后，加工出来的工件会告诉下道工序的加工设备，“我还需要哪些材料”。接下来，运输车辆会根据地下铺设的感应线路，把材料送给装料机器人。生产所有的后续工序，包括生产销售文件，都由这些工件自己携带。如果工件出了错，或者顾客有了个性化的新要求，研发部门的智能工程师就会立刻报警，并将演算后的改进措施发给工件②。

与传统制造相比，智能制造具有五大不同特征（参见附录 3-1：智能制造的五大特征）。

智能制造系统的概念，最先是由日本在 1989 年提出的。1994 年，日本启动了先进制造国际合作研究项目，包括公司集成和全球制造、制造知识体系、分布智能系统控制、快速产品实现的分布智能系统技术等项目。美国、欧洲共同体、加拿大、澳大利亚等参加了该项计划。

在国家战略层面的发展

发展到 2014 年，智能制造已成为全球主要国家的竞争热点。传统发达

① 《智能制造》（2006 年 5 月 17 日），中国数控机床网，http：//www.c-cnc.com/news/newsfile/2007/7/15/260.shtml，最后浏览日期：2015 年 11 月 3 日。

② 彭训文：《工业 4.0 从自动生产到智能制造》，《大飞机》2015 年第 2 期。

国家和新兴国家都纷纷从国家产业结构重建和提升国家竞争力的角度来定位智能制造。

德国：2010年，德国制订了十年(2011—2020)自动化发展计划，将制造业自动化水平的提升作为国策来执行，大力促进电子电气技术、机电一体化技术、生产工艺流程、计算机和IT技术、传感器、驱动和执行系统、通信技术以及综合技术等方向的发展。2012年德国公布《十大未来项目》计划，工业4.0就是这十大项目之一。2013年4月，工业4.0被德国政府作为国家战略在汉诺威工业博览会上正式推出。

工业4.0是针对此前的三次工业革命而言。工业1.0起始于1780年的英国，以机械生产代替了手工劳动；工业2.0发生于1900年，开创了产品批量生产模式；工业3.0开始于1979年，实现了生产的自动化和信息化[①]。

按照德国学术界和产业界的观点，工业4.0是以智能制造为主导的第四次工业革命，旨在通过利用信息通讯技术和网络空间虚拟系统——信息物理系统[②](cyber-physical system)相结合的手段，将制造业从自动化向智能化转型[③]。

工业4.0包含了由集中式控制向分散式增强型控制的模式转变，目标是建立一个高度灵活的个性化和数字化的产品与服务模式。在这种模式中，传统的行业界限将消失，并会产生各种新的活动领域和合作形式。创造新价值的过程会发生改变，产业链分工会被重组。工业4.0包含三大主题，智能工厂、智能生产和智能物流[④]。

---

① Balinski Brent, "German Companies Developing Industry 4.0"(2013年4月26日), Manufacturers' Monthly, http://www.manmonthly.com.au/news/german-companies-developing-industry-4-0，最后浏览日期：2015年11月4日。

② 信息物理系统就是把物理设备连接到互联网上，让物理设备具有计算、通信、精确控制、远程协调和自我管理的功能，实现虚拟网络世界和现实物理世界的融合。

③ "Spimes, Cyber Physical Systems and Industrie 4.0"(2013年8月5日)，360doc个人图书馆，http://www.360doc.com/content/13/0805/11/9561082_304859172.shtml，最后浏览日期：2015年11月3日。

④ Siemens, "Industry 4.0: Secure the Future, Grasp Opportunities"(2014年2月18日), PACE, http://www.pacetoday.com.au/features/secure-the-future-grasp-opportunities，最后浏览日期：2015年11月4日。

按照全德华人机电工程学会五位博士的说法，工业 4.0 是德国的国家战略，而不是国际标准[①]。事实上，许多国家都制定了类似的战略，比如美国、日本、英国等。

美国：2011 年 6 月，美国正式启动包括工业机器人技术在内的“先进制造伙伴计划”。该计划包括：(1) 投入 3 亿美元用于小型大功率电池、先进复合材料、金属加工、生物制造和替代能源等产业的创新；(2) 材料基因组计划，通过在研究、培训和基础设施方面超过 1 亿美元的投资，使美国企业发现、开发和应用先进材料的速度提高 2 倍；(3) 投资下一代机器人技术，让下一代机器人承担工人、医护人员、医生和宇航员等工作，该项计划投资 7 000 万美元；(4) 开发高效利用能源的制造工艺[②]。

2012 年 2 月，美国又出台了“先进制造业国家战略计划”，提出要加大政府投资、建设智能制造技术平台。一个月后，奥巴马建议投资 10 亿美元建立全美制造业创新网络，智能制造的框架和方法、数字化工厂、3D 打印等均被列为优先发展的重点领域。

英国：2008 年金融危机让英国政府意识到以金融为核心的服务业无法持续保持国际竞争力，因此，2011 年 12 月，英国围绕“先进制造业产业链倡议”计划，投资了 1.25 亿英镑，面向汽车、飞机，以及可再生能源和低碳技术等行业，打造制造业产业链。2012 年 1 月，英国启动了定位于 2050 年英国制造业发展的战略研究，2013 年 10 月形成最终报告《未来制造业：一个新时代给英国带来的机遇与挑战》(*The Future of Manufacturing: A New Era of Opportunity and Challenge for the UK*)。报告指出，制造业已不是传统意义上的“制造之后进行销售”，而是“服务＋再制造(以生产为中心的价值

---

① 《五分钟让你理解何为德国工业 4.0》(2015 年 2 月 28 日)，搜狐网，http://mt.sohu.com/20150228/n409218930.shtml，最后浏览日期：2015 年 11 月 4 日。

② 《“先进制造业伙伴关系”计划》(2012 年 4 月 17 日)，和讯网，http://news.hexun.com/2012-04-17/140472836.html，最后浏览日期：2015 年 11 月 4 日。

链)”。同月,英国发布了《英国工业2050战略》[①]。

日本: 作为智能制造的早期研究者之一,日本一直在建设覆盖全产业链的智能制造系统。2011年日本发布了第四期科技发展基本计划(2011—2015年),从产业和行业角度进行尖端制造布局,部署了多功能电子设备、信息通信技术、测量技术、精密加工技术、嵌入式系统等研发方向;同时加强智能网络、高速数据传输、云计算等智能制造支撑技术领域的研究。2013年起,日本加大了对3D打印机等尖端技术的研究力度,2014年投资45亿日元(约等于2.35亿元人民币)实施“以3D造型技术为核心的产品制造革命”研发项目,希望开发世界最高水平的金属粉末造型用3D打印机[②]。

中国: 在2014年之前,中国政府和企业一直在实践着工业化和信息化融合。2014年8月,中国工业与信息化部(以下简称“工信部”)部长在一次公开场合提到了智能制造,“以智能制造为抓手,用互联网带动整个工业转型升级成为当务之急”。他认为,中国装备制造业每年25%的超高速增长时代已经结束,亟待用智能制造为主的高端装备制造为引领,带动整个产业转型升级。为此,工信部将推动发展工业机器人、传感器、智能仪器仪表等关键部件和装置,并特别推进相关标准体系建设[③]。同年10月,国家总理李克强与德国签订了工业4.0合作协议。

汽车行业的智能制造发展

智能制造的主角之一就是从机器人不断进化而来的智能机器人,而汽车

① 王喜文:《英国探索重振制造业》(2014年12月7日),工业和信息化部国际经济技术合作中心,http://www.cietc.org/article.asp?id=5976,最后浏览日期:2015年11月4日。

② 张枕河:《人工智能挂帅 日本抢占尖端制造高地》(2014年12月19日),中证网,http://www.cs.com.cn/hw/hqzx/201412/t20141219_4594728.html,最后浏览日期:2015年11月4日。

③ 《中国将推动智能制造、物联网等标准体系建设》(2014年8月28日),中自网,http://www.wotchina.cn/news/zhengce/2116.html,最后浏览日期:2015年11月4日。

制造业则是最早应用机器人的行业。1961年，上海通用汽车的美国“导师”通用汽车生产线上出现了第一台工业机器人[①]。此后，全球的工业机器人一直与汽车工业相伴发展，比如日本的安川（YASKAWA）、发那科（FANUC）与丰田、本田，发那科与通用汽车，德国库卡（KUKA）与大众汽车，意大利的史陶比尔（Staubli）与菲亚特，都是长期合作伙伴。分析师预测，从2012年到2016年，全球汽车机器人市场年均增速为4.81%[②]。

随着机器人的应用，人机协作成为一些汽车工厂的场景。比如在位于德国萨尔茨吉特（Salzgitter）的大众汽车发动机制造厂里，有一道工序需要将电热塞插进位置几乎不能被看见的缸盖钻孔中，原先这套工序需要工人弯着腰很辛苦地去对孔眼，现在这个工作交给了机器人，由机器人插进去，再由人来负责固定电热赛并对缸盖进行隔热处理。借助机器人帮手，工人不需要一天弯多次腰，可以站在那里相对舒服地完成这项工作，同时，他们还可以对整个过程进行监控，必要时进行干预，确保生产顺利进行。“我们利用了一种符合工效学的工作区布局，来摆脱公司所有岗位的员工所面临的长期负担。通过采用无须安全围栏的机器人，员工们可以与机器人携手合作。”该工厂项目经理说。这样的人机协同，让这个厂重置并优化了生产线，从而使得平均生产每台发动机所消耗的能量和污染排放量分别降低了67%和70%[③]。

应用机器人实现生产自动化后，一些汽车厂商开始实践自动化生产的协同管理甚至是智能管理。位于德国莱比锡郊区的一家宝马3系制造新厂，在厂房设计时就引入了协同管理理念。这个工厂有一个占地约26 000平方米

---

① 王歆慈、李雪娜：《中国式人机协作》，《新世纪》2015年第8期。

② Professional Services Close-Up, “Research and Markets Adds Report: Automotive Industrial Robotics Worldwide Market Report-with Forecast to 2016”（2013年11月8日），ProQuest，http://search.proquest.com/docview/1449212149/7F715FC7570243D6PQ/1?accountid=37781，最后浏览日期：2015年11月4日。

③ 《德国，智能机器人演绎汽车工业4.0》（2014年12月31日），车云网，http://news.mydrivers.com/1/363/363180.htm，最后浏览日期：2015年11月4日。

的中央大楼，围绕它建有车身车间、喷涂车间和总装车间，这种星形建筑群布局是为了确保较短的生产距离。在中央大楼的天花板上装有自由悬挂式输送带系统，这个系统将原始车身从车身车间输送到车身仓库，再输送到喷涂车间，最后再将已喷涂车身输送回车身仓库。然后，从车身仓库输送到总装车间。这个中央大楼不仅充当着物流运输协调者的角色，还对这些由机器人与人组成的自动化生产线进行协同管理。由于每个宝马 3 系车的零部件都被内置用于个体信息识别的 RFID 芯片①，因此，系统可以借助这个信息匹配车辆和对应的加工设备、工艺和材料②。

应用机器人对中国市场上的汽车厂商来说，也不是新鲜事了。新的整车生产线，无论是自主品牌还是合资品牌，全部都是引入机器人的全自动生产线③。一些企业也在逐步利用机器人改造老生产线。不仅如此，像奇瑞这样的汽车企业，还在自主研发机器人。在满足自身自动化生产的需求后，奇瑞的机器人还卖给了江淮汽车、美的制冷等多家企业。

然而，要让这些机器人足够智能，要实现机器人与人类专家在制造过程中智能分析、判断和决策，还需要在整个制造过程中奠定数字化或信息化基础，包括数字化操作、联网、虚拟现实等。而上海通用从创建第一天起，就在这些方面进行着实践。

上海通用：信息化

1997 年 6 月 12 日上海通用汽车成立之时就组建了信息系统部，全面自

---

① RFID(radio frequency identification)技术，又称无线射频识别，是一种通信技术，可通过无线电讯号识别特定目标并读写相关数据。

② 西门子(中国)有限公司：《运用协同自动化概念的宝马莱比锡工厂》(2010 年 11 月 4 日)，驱动之家，http://www.zgznh.com/fangan/show—713373.html，最后浏览日期：2015 年 11 月 4 日。

③ 王歆慈、李雪娜：《中国式人机协作》，《新世纪》2015 年第 8 期。

主规划并建立计算机办公自动化环境、基于 SAP 的财务、采购管理系统、柔性的生产制造应用系统、生产车辆自动跟踪应用系统、质量管理应用系统以及设备工艺监控应用系统，部署了美国通用的产品数据应用平台、销售应用平台、物料需求管理平台以及动态成本核算管理平台等全球应用系统。

在成立之初，鉴于多数员工是刚出大学校门的毕业生，对汽车生产制造与管理缺乏足够的知识，上海通用决定针对部分关键业务运作部署美国通用全球应用平台。这样一方面可以快速建立信息化系统，满足公司整体建设进度，按时投入生产；另一方面，让员工通过学习系统来熟知业务，使公司的业务得以快速展开。

1999 年 4 月 12 日，第一辆别克车在总装生产线上下来，随之上海通用汽车公司驶入了快速发展的轨道。通用的全球应用系统运行在大型主机上，那些大型主机放置的地点不是在北美就是在欧洲，由于时间差，往往当上海通用在工作时，那些主机却在做系统维护，再加上网络线路不受控而会造成系统不稳定，使得上海通用很被动，由此埋下了或多或少影响公司业务正常开展的隐患。

2000 年是中国汽车市场需求转变的拐点，以轿车、微型客车为代表的汽车需求主体已由集团消费为主转变为以私人消费为主。两年后，中国乘用车市场需求出现“井喷”，2002 年市场增速同比达 36.65%①。

置身于这样的市场中，为了更好地服务于客户，快速拓展市场，2001 年，上海通用构建了客户关系管理应用系统。

然而，这时的全球销售系统往往在月底销售冲量时，应用系统却时不时不能用，或者网络线路有问题，多次导致销售工作受影响。于是，信息系统部决定构建本地化的销售系统来满足公司的生存之本。2002 年年底该系统

① 《2002 年中国汽车市场为何出现“井喷”》(2003 年 3 月 11 日)，新华网，http://news.xinhuanet.com/auto/2003—03/11/content_770962.htm，最后浏览日期：2015 年 11 月 4 日。

上线。

一年以后，上海通用的经销商(4S)应用管理系统上线。在中国汽车行业，这个系统开创了经销商信息化管理的先河。

体验到这些本地化系统带来的效果后，上海通用深刻意识到关键应用系统本地化的重要性。于是，他们结合公司业务的具体需求，全方位研究了能替代的可应用的商品化软件。经过一年的准备与半年的比对和试验认证，2003年他们开启了全方位本地化应用平台的搭建。

2005年起，他们依据业务需求，先后构建了车辆保修数据分析平台、整车销售预测系统、备品备件预测系统、备品备件库存管理系统、客户维度分析、资产管理系统、财务预测系统、媒体应用管理系统、车辆电子开发平台等。到2006年中期，除产品数据应用平台外，所有上海通用汽车应用系统都建立在上海通用汽车数据中心上，之后又在山东烟台建立了数据灾难恢复中心。

制造企业的核心问题有三个：生产什么？生产多少？如何生产？上海通用的企业资源计划系统、供应商管理系统等涉及的都是前两个问题，但“计划”相关的信息如何分解并下达到“生产执行”环节？“生产执行”过程中状态如何快速反馈给“计划”？解决这个问题，中国大部分企业目前还采取手工模式，用人将计划传递至车间。因此整个企业响应市场的能力、产品质量的提升能力都被打了折扣。

而上海通用则在“计划”与“生产”之间搭建了桥梁——制造执行系统(MES)解决方案。MES是一套面向车间执行层的生产信息化管理系统。MES能通过信息传递对从订单下达到产品完成的整个生产过程进行柔性化制造的管理①。在上海通用，这套MES解决方案包括现场订单管理系统、物料发布系统、生产监控系统、生产调度系统等，通过这些系统，业务管理和生

① 希创技术：《MES制造业信息化断层》(2008年5月25日)，希尔技术官网，http://www.systron.com.cn/mes20.htm，最后浏览日期：2015年11月4日。

产制造实现了双向、及时互动。

上海通用：自动化

像信息化一样，上海通用生产自动化建设最初也是跟着美国通用汽车这位老师学的。因此，在他们最早的金桥车身车间里，就应用了焊接机器人。而他们涂装、总装生产线上的机器人，则是后来陆续引入的。这些机器人群体，已经历四次更新换代。按照上海通用相关负责人的说法，每一代机器人，相对之前一代，运行速度更快、体积更小、价格更便宜、效率更高。

减少人工成本、提高汽车质量是上海通用应用机器人的最初动力。上海通用的机器人产品供应商，是全球工业机器人领域四强之一——发那科(Fanuc)。美国通用汽车与发那科签署了战略合作协议，因此上海通用能以相对便宜的协议价购买机器人。机器人不仅能降低成本，还能提升质量。比如，由机器人操作的拼装和焊接工艺，保证了整车几千个焊点位置的标准化和每个焊点的强度。

在金桥工厂体验到机器人的诸多利端后，上海通用在随后收购或新建的其他工厂内，就将机器人生产线作为标准配置。每一家工厂采用的机器人的型号、系统结构、制造工艺也都遵从通用全球标准。比如，在 2011 年的上海通用东岳基地三期扩建的新车身车间里，就有 236 台这样的机器人方，它们能在 51 秒内完成一台车加工。而在 2014 年竣工的上海通用北盛三期工厂的车身车间里，机器人数量增加到 369 台，这条生产线能容纳 5 个不同车型的共线生产，自动化率(这个指标指的是由机器人焊接的焊点数占车身总焊点数的百分比)达 93%。金桥工厂的自动化率为 85%。而 2015 年 1 月竣工的上海通用武汉基地的自动化率则为 97%，那里的车身车间拥有 452 台机器人。

管理这些活跃在生产线上的机器人方面，截至2014年年底上海通用还是通过人工点对点的方式，也就是一个人对一个机器人通过界面进行信息输入管理。不过，他们也看到了向智能化方向发展的趋势。发那科第三代机器人就增加了联网功能。上海通用已将自己拥有的第三、四、五代机器人中的60％实现了联网，不过，由于第三方软件集中管理和监控功能的不完善，他们还没有能够实现通过组网对机器人进行集中管理。但上海通用相关负责人认为，这种智能化联网管理的趋势已经很明显了，他们为此也在做着相关准备。比如探索用虚拟仿真取代现实工作。他们的机器人离线仿真研究开始于2010年，他们希望在计算机模拟的环境里，完成对机器人设备和工程调式的验证、对加工工艺的验证等。截至2014年年底，上海通用的机器人离线仿真重合度能达到70％～80％，这意味着现场对应工作量被显著降低。相关负责人认为，一旦相关软件完善，这些离线仿真程序就能在网络环境中发挥更大作用。

在汽车行业，生产制造由自动化向智能化转变，对几乎所有的企业来说都是新课题，对上海通用也不例外。上海通用在已有的信息化、自动化基础上，将会在通往智能制造的路上走出什么样的轨迹呢？

点评 1

智能制造开启工业大数据时代

董　明*

智能工厂是利用数字化技术，集成产品设计、制造工艺、生产管理、企业管理、销售和供应链等各方面人员的知识、智慧和经验，进行产品设计、生产、管理、销售、服务的现代化工厂模式。这种模式特别依赖泛在网络（互联网、物联网）技术，实时获取工厂内外相关数据和信息，有效优化生产组织的全部活动，达到生产效率、物流运转效率、资源利用效率最高，对环境影响最小，又能充分发挥从业人员能动性。

正如该案例指出的那样，智能工厂、智能生产和智能物流是未来工业4.0的三大主题。智能工厂重点研究智能化生产系统及过程，以及网络化分布式生产设施的实现。智能生产主要涉及整个企业的生产管理、人机互动以及3D技术在工业生产过程中的应用等。智能物流主要通过互联网、物联网，整合物流资源，充分发挥现有物流资源供应方的效率，而需求方则能够快速获得服务匹配，得到物流支持。智能制造不仅是上海通用这类大型企业的未来发展方向，也特别注重吸引中小企业参与，力图使中小企业成为新一代智能化生产技术的使用者和受益者，同时也成为先进工业生产技术的创造者和供应者。

对智能工厂的描述可以从三个维度展开：工程、生产、供应链。构建用工程（以设计为中心）、生产制造（以管理为中心）、供应链（原材料和产品销售）三个维度描述智能工厂的信息模型。该案例详细阐述了上海通用的信息化建设历程，明确指出了信息化和自动化是上海通用走向智能制造之路的重

* 董明，上海交通大学安泰经济与管理学院运营管理教授、博导、副院长。

要基础。确实,物联网和服务网是智能工厂的信息技术基础——与生产计划、物流和经营相关的ERP、CRM等,以及和产品设计相关的PLM处在最上层,与服务网紧紧相连;与制造生产设备和生产线控制、调度、排产等相关的MES功能,通过CPS物理信息系统实现,这一层与工业物联网紧紧相连。

继德国工业4.0之后,近期,"中国制造2025"提出了我国制造强国建设三个十年的"三步走"战略,是第一个十年的行动纲领。"中国制造2025"应对新一轮科技革命和产业变革,立足我国转变经济发展方式实际需要,围绕创新驱动、智能转型、强化基础、绿色发展、人才为本等关键环节,以及先进制造、高端装备等重点领域,提出了加快制造业转型升级、提升增效的重大战略任务和重大政策举措,力争到2025年从制造大国迈入制造强国行列。

该案例很好地诠释了上海通用智能制造从无到有、从弱到强的发展之路,对于上海通用的未来,案例在结尾处提出:上海通用在已有的信息化、自动化基础上,将会在通往智能制造的路上走出什么样的轨迹呢?一个可能的答案是:工业大数据。在制造智能化时代,工业机器、设备、存储系统以及运营资源可以利用现代网络通信技术连接成网络。这些工厂与机器设备不仅可以随时随地进行信息分享,而且互相连接的系统可以独立地自我管理。因此,制造业向智能化转型将催生工业大数据时代。工业大数据是由一个工业体系或者一个产品制造流程智能化催生出来的数据,既是制造业智能化的必然结果,也是制造业智能化的必要条件与基础。

点评 2

上海通用：创新还是跟随?

李　源*

看了通用的案例，很感慨，感慨科技进步、感慨质量的提升、感慨效率的提升，但却看不到我所认为的创新。

在我看来，创新，或是创造一种新的产品，开拓了从没有过的市场，如智能手机的出现使诺基亚在一夜之间式微；或是提供了额外价值，如当初的《北京青年报》递送员会顺便带走订户的垃圾；或是产生了全新用户体验，如德尔福在几十年前率先把收音机装到通用的汽车上；或是提高了效率，如机器人的使用，当然我在这里要强调的是率先使用了机器人而产生了划时代的意义而非跟随而来。

虽然看案例中的介绍，貌似上海通用走得很快，自动化、智能化和大数据都已经开始应用，但我不得不说这其实已经是不得不做的事。横观汽车市场，所有的整车制造企业都已经在迈出了智能化的脚步。不跟进，只能丧失质量和效率的战场，从而被市场淘汰。纵观上海通用和其品牌母公司通用汽车的关系，从案例中我们明显看出，上海通用是把通用汽车在北美已经应用的东西搬到中国来，而在搬的过程中由于水土不服而产生了些改变，比如由于服务器在北美通讯速度无法支持本地运营而产生的些许创新。但总体上是在跟风，倘若通用总部动作快，上海通用跟得也快，也许还能在中国市场领先；倘若总部慢了或跟进慢了，即便在中国这个发展中市场都要处于被动状态了。因此，在我看来，通用无非是做了保持其起码竞争力的必做之事而非创新之事。

---

* 李源，中欧国际工商学院 EMBA2011 级学员，德尔福电子安全亚太业务总监。

我也想基于案例展开讨论一下有可能的创新。

案例提到了2000年后，中国轿车市场快速增长，通用建立了4S店管理系统，有效地预测市场需求从而准确生产可以在一定时效内卖出去的产品，这在当时的中国是创新。然而今天，所有的车企，不仅仅是国外品牌，即便是曾经只能被视作山寨的自主品牌车企也完善了相似系统，通用的优势就没有了。我们换个角度思考。现在多数客户是到4S店看车，然后按自己的要求交定金下订单，内容包括车身颜色、内饰质地和颜色、五花八门的配置，然后等上起码一个月才能获得车辆。我们常常看到，很多客户在4S店表现出不耐烦或无奈，要不交所谓的加速提车费、要不买一辆配置不理想的车或是放弃购买。这种体验是很糟糕的。如果车辆的设计增加了个性化很强的多种配置、并且使其安装工艺要求不依赖于总装线精密的设备/或提高供应商的质量，并且易于手工安装，那么这些配置零部件可以发运到4S店，整车厂只需生产基本配置的车辆。这样，整车厂所需要的单车生产时间会下降、零部件库存量会下降，对于专用设备的要求会降低，单位时间内可以产出的车辆数量可以上升，对客户的响应速度可以上升。也许，终端客户到店看车后一两天或一两个小时内就可以获得心仪的车辆。当然，要做到这一步，要在设计上有创新和提高，在供应商管理上要高质量，销售商的职能也会改变，商业模式会改变，财务模型要重新计算。

在生产运营中适当的减法也是种创新。其实，这是一个老的概念，就是20年前丰田提出的精益生产。尽管20年前日本就已经是自动化生产的先驱者，追求质量追求精准，日本的产品成为全球的质量标杆。但是，在当时的技术条件下，有些形状尺寸没办法通过自动化手段控制或者控制成本极高，日本企业适当引入了手工作业，反而有效地解决了问题。例如，本田的摩托车架在成型和焊接后会产生些许的变形，但是通过自动设备调整代价非常大。而本田则使用了一个金属检具，让工人把制成品在检具上靠一下，对靠不紧的，用锤子砸一下就好了。如果我们现在去参观一下汽车一流品牌的工厂（不便透露企业名称），不管你看到多么先进的机器人，你还会经常发现总装线上有很多“武林高手”，他们对装配没有完全到位的车门箱盖等施以肘击、膝踹或背靠，而且这些手工调整是在没有严格检具下进行的。所以说，一味追求自动化智能化未必是创新，而适当的减法以达到精益生产亦可是创新。

客观地讲，上汽通用绝不是一无是处的。虽然我以上的文字似乎把该公司贬低成了被动的追随者，但事实上上汽通用在吸取通用优势的同时在本地化的创新上还是非常有作为的。比如，在移动互联网和车联网越来越热的时候，国际车企都要跟上谷歌，而上海通用则清晰地看清了中国市场中百度的优势和市场认可度，率先在其高端车型的信息娱乐系统上引入了百度 Car Life。尽管前途未卜，追随者蜂拥而至，这一汽车和互联网的混搭的确给潮人用户带来了新的体验，并且这种中洋混搭又着实接着地气，可谓带来了清新的气息。

附录3-1：智能制造的五大特征

第一，自律。即加工设备或者说机器人具有搜集与理解环境信息，并进行分析判断和规划自身行为的能力。

第二，人机一体化。即人机之间平等共事、相互“理解”、相互协作。

第三，虚拟现实技术。这是以计算机为基础，融信号处理、动画技术、智能推理、预测、仿真和多媒体技术为一体；借助各种音像和传感装置，虚拟展示制造过程和产品；是实现高水平人机一体化的关键技术之一。

第四，自组织与超柔性。制造系统中的各组成单元能够依据任务，自行组成一种最佳制造单元。

第五，学习能力与自我维护能力。智能制造系统能够在实践中不断充实知识库，具有自学习功能。同时，在运行过程中自行诊断故障，并具备自行排除故障和维护系统的能力①。

---

① 荣烈润：《面向21世纪的智能制造》，《机电一体化》2006年第4期。

案例四
机器人也能养鸡？
——正大打造四位一体模式实现产业化养鸡*

早春的北京平谷区峪口镇西樊各庄，有着北方村庄特有的安静。当汽车拐进一条小路后，在一片开阔的土地上突然伫立起一排排宽大整齐的灰白色建筑物，如果不是门口牌匾上"北京正大蛋业有限公司"（以下简称"正大蛋业"）几个字的提醒，人们也许很难联想到这是一座饲养蛋鸡的工厂，因为这里既听不到鸡叫声，也没有机器轰鸣声，跟周围一样安静，除了门口的两个保安，放眼望去，几乎看不到人，只有几辆运输车停在其中的一排厂房边。

在这个占地 779 亩的厂房里，数量最多的居民是蛋鸡，年存栏 300 万只；数量最少的是人。这里有 18 个长 127 米、宽 17 米、高 9.5 米的恒温、恒湿并且空气质量很好的密闭鸡舍，每个鸡舍只配备了一名饲养工程师，这名工程师和两个机器人一起，负责管理近 17 万只蛋鸡。每个鸡舍分为上下两层，每一层由一个机器人负责巡视，它每天要在 6 排鸡笼的 7 个过道间穿梭。机器人头上、胸部、膝盖都分别安装了探测设备，随着它在一排排鸡舍边移动，每

---

* 本案例由中欧国际工商学院朱晓明教授、案例研究员朱琼和研究助理任铁凡共同撰写。在写作过程中，也得到了正大集团的协作与支持。该案例目的是用来做课堂讨论的题材而非说明案例所述公司管理是否有效。

一只鸡的体温和鸡周边环境的温度、湿度等数据都会被捕捉，并输送到中央控制电脑(参见附录 4-1：在鸡舍里工作的机器人)。饲养工程师通过这个电脑就可以实时掌控该鸡舍所有鸡的情况，并随时采取必要应对措施，比如将需要淘汰的鸡抓出笼子或者设备出故障时报修或做简单维修。饲养工程师在这里每天工作 8 小时，而机器人每天除了充电外都在工作。

尽管人已经是鸡舍里的少数民族，但北京正大蛋业有限公司副总裁王善成仍然在努力减少人，他希望以后 1 个人可以管理 3 个鸡舍，把更多的工作交给机器人来做。为什么要减少人？机器人能承担起养鸡的工作吗？要实现机器人养鸡，这家企业还必须做什么样的准备？

北京正大蛋业有限公司

北京正大蛋业有限公司是由泰国正大集团为经营管理北京平谷这座工厂于 2010 年独资组建的。正大集团由泰籍华人于 1921 年创办，起家于农作物种子销售，逐渐发展到种植、饲料、养殖、农牧产品加工、食品销售等农牧业全产业链经营。

北京平谷工厂是正大集团在中国蛋鸡养殖和鲜蛋生产方面实现自动化、智能化和产业化的一个试点，包括蛋鸡养殖场、青年鸡[①]养殖场、饲料加工场、蛋品分级包装、液蛋加工等部分，其中蛋鸡养殖规模为 300 万只，日产鲜蛋 230 万枚，年产鲜蛋 5.4 万吨，这个产量能占北京市场鲜蛋需求量的 18%；青年鸡养殖规模为 100 万只，年产值 10 亿元。整个工厂的自动化养殖、生产线，都是引自发达国家的专业设备生产公司。

建造这个工厂的初衷，正大就是想“再造中国食品安全的长城”，后者是

① 青年鸡是指 7～20 周龄、离温后养育到性成熟前的未成年母鸡。

正大集团董事长谢国民的一个愿望。因此,这个工厂不仅采用了从饲料加工到蛋品出厂的全过程封闭式生产方式,而且希望在整个生产过程中尽可能实现无人接触。这个工厂于 2010 年 4 月动工,并于 2012 年 4 月竣工,同年 7 月,第一批雏鸡进入青年鸡场,4 个月后,它们长成蛋鸡进入蛋鸡养殖场。整个 18 栋鸡舍在 2014 年 7 月满员,而机器人也在这个过程中陆续到岗。

为什么要让机器人来养鸡

安全

用机器人取代人是正大在规划这个项目时就确定了的。这样做的宗旨就是想保证鸡和鸡蛋的安全。食品安全问题不仅是整个社会的关注焦点,也蕴含着极大的商机。而且在正大集团,质量安全问题还是红线,管理者一旦踩上这条红线,无论是谁,都要被解雇。

王善成在正大工作了近 20 年,在他看来,养鸡的最大风险就是生物安全风险,而这个风险的主要来源就是人。人要进出鸡舍,鸡舍就不可能成为一个完全封闭的空间,而且,人还可能把病菌带入鸡舍。在鸡舍仍需要人管理的这个阶段,为了尽可能防范人为引发的风险,饲养工程师每天进入鸡舍前都被要求洗头、洗澡并换上工作服。而且,饲养工程师一个月只允许出厂两次,每天下班后要回到在厂内的宿舍,他们的宿舍与其他那些不接触鸡的员工的宿舍是隔离开的。显然,对饲养工程师这样的要求不具有可持续性,因此,尽可能减少鸡舍里的工作人员成为正大蛋业公司正在努力的方向。

成本和效率

相对普通员工来说,正大蛋业对饲养工程师的管理成本比较高,有员工调侃,管理饲养工程师就像管理飞行员一样。但王善成认为这还是小投入,在他看来，这些员工的待遇、培训等费用也是一笔不小的开支，而且，这部分开支随着中国劳动力成本的上升还在水涨船高。“这部分人是我们公司同级别岗位待遇最高的，每月工资至少一万元”，王善成透露，除此之外，还需要投入培训费用。这部分人大都是本科或研究生学历，因为这个岗位需要很强的学习能力。饲养工程师在鸡舍里不仅需要利用信息化、智能化的手段去管理17万只鸡，也需要去鸡笼旁甄别病鸡并将其抓出来。这种专业知识跨度很大的复合型人才，在市场上没有现成的，需要正大蛋业自己去投入培养，然而，人才培养出来后也不一定能留住。因此，王善成说，如果能用机器人替代一个人，一年至少在工资上就可以节省12万元。

不仅如此，王善成说，用机器人替代人，还可以提高整个生产的效率。因为机器人养鸡，可以让鸡一直处在稳定、舒服的环境中，那么它的产蛋率和产蛋质量就会提高。尽管正大蛋业的参观者都在与鸡舍隔离的参观走廊上透过窗户从鸡舍一端去看鸡，但根据一位员工说，当参观者多时，有些鸡也会受到惊吓而生出白壳蛋，而正常鸡蛋壳则是褐红色的。

截至2015年3月，正大蛋业已经显现出其采用一部分机器人养鸡的效率比较优势，他们鸡的品种引自德国罗曼家禽育种有限公司。他们的蛋鸡在2月份产蛋率达到103%，比罗曼鸡在全球其他地方大规模养殖的产蛋率标准高出3%。另外，他们的鸡舍环境保证了蛋鸡存活率为99.8%，而中国业内大规模养殖蛋鸡的存活率在80%[①]左右。

定制化的机器人

正大蛋业的机器人不是买来的，而是与国内一家公司共同研制出来的。

① 王景月：《转型期蛋鸡行业发展变化引发的思考》，《中国畜牧杂志》2013年第2期。

他们每一个机器人的成本不到3万元人民币。之所以选择合作开发,是因为他们走遍全球也没有发现一个能养鸡的机器人。而国内这家公司之所以愿意跟他们一起开发,也是因为这是一个很大的空白市场。

因为食品安全、成本、规模效益等方面的要求,再加上互联网以及其他各种新技术、新设备对养殖业的不断渗透,规模化、自动化甚至是智能化养鸡,在中国市场正在成为发展趋势[①],而这种趋势在世界其他一些国家已经或正在变成现实。比如,美国2005年蛋鸡饲养量为2.86亿只,蛋鸡饲养量超过100万只的企业有64家,它们的蛋鸡饲养量占全美的85%。美国蛋鸡饲养量超过500万只的企业就有11家。日本2005年蛋鸡饲养量为1.81亿只,养鸡户数为4 550家,每户平均蛋鸡饲养量3.98万只[②]。而2013年的中国,10多亿只蛋鸡却分散在77万家蛋鸡养殖场,平均存栏量不足2 000只。在中国,存栏量在50万只以上的养鸡场只有4~5家[③]。因此,中国市场上现实与趋势间存在巨大的发展空间。

而在这个发展空间中,机器人正扮演着越来越重要的角色。根据世界机器人联合会(IFR)的数据,截至2013年年底,挤奶机器人全球存量为40 000台,2013年挤奶机器人的全球销量为5 100台,同比增长6%。2013年,养殖业机器人如库舍清洁机器人或自动放牧机器人的销量为760套,同比增长46%[④]。此外,在日本出现了机器人养鱼、在加拿大出现了仿母猪机器人替代母猪哺育仔猪、在法国出现了为雏鸡当保姆的机器人,可以在孵鸡现场取

---

① 宫桂芬:《从中国养鸡业发展现状看未来趋势》(2012年5月4日),博亚和讯网,http://www.boyar.cn/article/2012/05/04/429510.2.shtml,最后浏览日期:2015年11月3日。

② 韩伟:《规模化饲养是现代养鸡业发展的必由之路》(2006年11月17日),中国畜牧业协会禽业信息网,http://www.caaa.cn/show/newsarticle.php?ID=89021,最后浏览日期:2015年11月3日。

③ 《德青源公司董事长钟凯民:工业化的集成思路引领产业发展》(2013年1月27日),中国禽蛋门户网,http://www.chinaegg.net/html/n2/4/2013-1-27/201312719524802.shtml,最后浏览日期:2015年11月3日。

④ 《IFR发布2014服务机器人研究报告:市场上升趋势明显》(2014年10月8日),机器人网,http://www.roboticschina.com/ART_8800694440_500001_NT_63833721.HTM,最后浏览日期:2015年11月3日。

出雏鸡并为雏鸡接种疫苗等。

正大让机器人养鸡计划的具体落实，是在平谷厂房竣工甚至是蛋鸡开始饲养后才一步步执行的，比如，他们要根据厂房鸡舍的实际布局，来设计机器人的巡航路径。据一位员工介绍，“为了教会机器人正确走路，他们花了半年时间”。而他们对机器人的功能要求，也是随着蛋鸡自动化生产线运转起来后、随着对管理工作不断熟悉并总结出规律后，逐渐提炼标准化功能并升级的。截至2015年3月，他们已经进入机器人应用的第二阶段。第一阶段，机器人只会靠身上的仪器去读取所到之处的温度、湿度等数据；第二阶段，机器人已经能依靠红外线设备去主动测量鸡的体温了，如果鸡的体温超过或低于41.5℃的正常值，则判断出这是异常鸡并将异常鸡的定位信息发给所在鸡舍的中央控制端。

“对机器人功能的开发，我们仍然处在不断摸索中。对于功能开发的可能性，一方面取决于机器人技术的发展，另一方面，取决于我们提出需求的能力，”王善成说，“而提出需求的能力，则取决于我们对这套现代化养殖蛋鸡业务流程的熟悉程度。”

尽管这些机器人在正大蛋业的养殖生产线上还处于试制探索阶段，但是王善成认为自己的生产线与其他那些自动化养鸡生产线相比，已经具有一定程度的智能化了。他举例鸡舍里面温度湿度控制，大部分鸡舍都是依据所设立的温度来人为调控，高了就开始排风。而他们则不用人介入，电脑会根据各种参数主动判断、决策并采取措施，电脑决定是否排风，不仅要看温度，还要看空气中氨气的含量、二氧化碳的含量，同时，还要参考室外的温度以及室内外的温差，使鸡舍保持一个与季节相适应的舒适的环境。而电脑决策所需要的参数数据，大部分来自机器人对鸡舍里各个点信息的实时提供。机器人每走完一个鸡舍，需要4个小时，换句话说，鸡舍里任何一点的信息，每4个小时都会得到一次更新。

这些数据，不仅能在养殖生产线上支持智能化决策，也能为正大集团延伸产业链提供决策依据。比如，他们已经根据蛋鸡淘汰率数据，在距离正大蛋业五、六公里远的地方成立了一个养殖鳄鱼的配套公司，目前已养殖鳄鱼1 000多条。这个公司将靠出售鳄鱼肉和鳄鱼皮盈利。另外，正大蛋业蛋鸡和青年鸡所产鸡粪一年大概有5吨，王善成认为，这可加工成质量非常好的有机肥，因为他们的鸡都很健康，而且吃的饲料也是正大自己加工的高品质产品。因此，他们正计划建配套有机肥厂。利用这个有机肥，他们要围绕正大蛋业养鸡场周围，建四面环绕的有机桃树林、有机蔬菜地等，并邀请当地农民参与建设和管理。

创新商业模式

正大蛋业这个300万蛋鸡养殖工程，按照王善成的说法，前景很美好。然而，7.2亿的先期投资立刻为这个工程竖起了高高的门槛，即使其他企业想模仿，这个门槛也不是能轻易绕过的。实际上，如果没有创新商业模式，正大自己也会止步于这个高门槛之前。

四位一体模式

正大创新的这个商业模式叫“四位一体BOT（built-operate-transfer）产权式农业”模式（以下简称“四位一体模式”）。其中，四位指的是：政府、银行、龙头企业和农民专业合作社；四位一体，是指通过一定机制将四位主体联合成一体，以一种全新的组织方式，共同应对发展过程中存在的问题和挑战；BOT产权式农业，是指农民以组建合作社的形式，将分散的土地流转进合作社成为一整块土地，而这块土地可作为整个项目用地。农民合作社将地租给项目用，每年从项目经营者手中拿土地租金以及其他资产收益；而政府和龙头企业则联合组建投融资平台，解决项目所需资金难题，并投资建设。建好的资产委托龙头企业所属的专业经营公司负责经营管理，并承担风险。经营公司每年按照投资总额的10%～12%返利给投融资平台，平台再用于还贷及返还农民租金等收益（参见附录4-2：四位一体模式示意图）。

这个模式具体运用到平谷项目上时，正大集团联合平谷区政府，成立了合资公司"谷大农业投融资平台"（以下简称"谷大"），由这个平台负责融资并进行项目建设；"谷大"找到北京银行作为主要融资来源；而项目用地是平谷当地1 416户农民成立的合作社所拥有的土地。这个项目竣工后，由正大蛋业负责经营管理（参见附录4-3：平谷项目运用四位一体模式的示意图）。

模式的创新过程

这个模式创新，是在平谷300万蛋鸡养殖项目实施过程中，针对出现的一系列问题，逐步提出、升级和完善的。

解决土地问题。项目一开始就遇到土地难题，如何去便捷地获得779亩土地？中国国土资源部颁发的[2007]220号文件《关于促进规模化畜禽养殖有关用地政策的通知》（简称220文）规定，非本地集体经济组织的项目中非养殖用地（例如：配套办公室、宿舍、硬化道路等），需要办理农用地转用审批手续，且要占用当地的建设用地指标。而平谷当地早已没有建设用地指标了。不过，220文还规定，本农村集体经济组织、农民和畜牧业合作社经济组织运作畜禽养殖项目是不需要办理农用地转用审批手续的。因此，如果能引入当地农民合作伙伴，项目就能拿到地。

可是，如何才能有效、有序地组织起农民呢？如何才能让农民有动力将其名下土地纳入项目用地呢？组织农民是当地政府的强项。而政府对这个项目的兴趣点在于，项目不仅能为农民带来收入，还可以带动当地从小农作坊经济向产业化经济升级，增加GDP、税收、就业等。因此，正大和平谷区政府一拍即合结成合作联盟,政府很快组织农民成立了“北京绿色方圆农民专业合作社”,并以此作为整个项目的立项主体。

解决资金问题。对于这样一个预算达7亿多的农业产业项目,如何以农民合作社为主体,筹措到大量资金?

在这个项目中,正大把资金分为资本金和贷款两部分。对于资本金部分,正大说服政府双方各出资项目总投资的15%,而剩下的70%资金,约为4.07亿,则通过贷款解决。然而,若按银行传统的贷款担保方式,正大在中国拿不出那么多的有效抵押担保物,那项目就根本没有办法贷到足够资金。融资难题,又一次横亘于项目推进过程中。

正大跟平谷区政府、北京银行为此进行多次磋商,最终,三方碰撞出一个新的融资担保模式,即正大和政府组合双方可担保的资源,并以此组合资源作为银行贷款的担保。正大方面提供的资源是,他们开创性地提出旗下经营公司付给“谷大”并由后者转付给农民的12%资产性收益为“20年照付不议”,即无论出现什么情况,正大经营公司都会支付这笔固定资产租赁费,并以“照付不议”的《租赁经营协议》作为组合担保的一个重要组成部分,以此证明农民专业合作社或者说“谷大”融资平台有能力对银行还本付息;而政府也同意为此项目的贷款提供全程全额贴息,这笔资金大多来自各类扶农、惠农补贴。

北京银行之所以对此项目感兴趣,一方面在于这个贷款有助于他们完成每年扶农贷款指标;另一方面,这种组合担保模式在降低贷款风险时,还能为银行带来约3亿元的贷款利息。

用协议绑定各主体。在这个模式中,立项、贷款、经营分属三个主体,其中,农民合作社是立项主体、“谷大”公司是贷款主体、正大下属的专业化公司北京正大蛋业有限公司是经营主体。为了让各主体联合成一体,正大集团提出了签订协约形式:农民合作社和“谷大”之间签订《“建设-运营-移交”协议》,前者作为业主,委托后者全权运作此项目的整个建设过程;“谷大”和正大蛋业签订“租赁经营协议”,前者将建设完成的工厂租赁给后者经营,后者向前者提供每年12%的租赁费,周期达20年;正大集团和平谷区政府签订“战略合作协议”,双方联合成立“谷大”公司,并各出资15%,作为“谷大”的资本金;“谷大”与北京银行签订“贷款协议”,“谷大”的合资双方共同向银行提供组合担保,以获得银行70%的贷款。

不仅各主体之间签订了协议约定,这个模式还制定了还款约定:正大蛋业每年按投资额的12%支付给“谷大”平台资金。“谷大”将这个资金中的一部分划分给合作社的农民,支付其土地租金;另一部分则偿还贷款。

由于农民一亩地产值一年不到1 000元,所以,正大将农民土地租金第一年定为每亩1 000元,之后每年增长5%。按照这样的租金测算,在还银行贷款的八年中,农民每户每年能由此收入5 000元;在还资本金的四年中,农民每户能拿到7 500元;剩下的八年,每户每年能拿2.3万元。

打造了这样一个让参与各方都受益的商业模式后,正大凭借6.7倍的资金杠杆率,以自有的0.837亿元资本金,推动了7.2亿平谷项目的顺利落地,并通过引进机器人,提升了大规模养殖蛋鸡的智能化和产业化程度。而这种鲜蛋生产模式,对正大整个农业产业链发展具有举足轻重的意义,按照他们自己的话说,一方面让他们能由此得到用别的方法得不到或极难得到的鲜蛋原料,从而为他们产业链上后续的食品安全奠定基础;另一方面,他们也能由此获得间接或额外利润,比如,下游的养殖业或有机水果、蔬菜等种植业发展,就能带来额外的产业优势和利润。

不过,正大蛋业接手运营这个项目意味着当年就要赢利,因为第一年年末他们就要向“谷大”公司提交12%的租赁费。

到2014年年末,正大平谷蛋鸡厂投入运营不到两年。尽管他们通过各种方式在保证鲜蛋的高质量、高品质,但是,当正大鸡蛋走向市场后,还是面临了众多打着类似"无激素""无公害"旗号的竞争品牌。然而,就像中国保健协会食物营养与安全委员会会长孙树侠所说:"(那些打着标签的)土鸡蛋、生态鸡蛋都没有国际标准,所以无法鉴定真伪,很多时候是商家炒作概念,把价钱拉高。"而出产德青源品牌鸡蛋的北京德青源农业科技股份有限公司一位人士也证实:"生态鸡蛋的标准,都是企业自己制定,价格也是由自己制定的。"①

在这样一个消费者不能弄清真伪的市场中,正大鸡蛋如果不能脱颖而出真正被消费者认识到价值,那么,正大鸡蛋的品牌价值如何实现?如果不能实现品牌价值,那么正大蛋业如何才能拥有持续的动力和资源去继续运用支持高品质蛋品出产的所有设备和配套资源?他们的机器人养鸡项目能否持续推进呢?

王善成也许比任何人都明白这环环相扣的玄机,这从他对市场的极度重视中可窥一斑。某天午饭时,当被告之在北京西边某地某超市没有看到正大鸡蛋出售时,王善成当即放下筷子,拿起手机给主管销售的副总打去电话查问此事。当时,在他的餐盘中,还躺着两个诱人的正大卤鸡蛋。

---

① 李彦增:《贴上"头衔"价格翻番鸡蛋市场乱象丛生》(2014 年 1 月 5 日),人民网,http://shipin.people.com.cn/n/2014/0105/c85914-24025382.html,最后浏览日期:2015 年 3 月 12 日。

点评 1

“四位一体”商业模式下的多赢关系

许淑君*

众所周知，现在中国的人力成本不断上升。与大多数人力成本高的社会一样，企业运营管理表现出明显的流程化、标准化、自动化趋势：首先确定合理科学的养鸡流程，通过机器人巡视，监控鸡舍不同时间和位置的温度、湿度等数据，比照环境判断可能的问题，处置（淘汰、报修等）；接着对各指标进行标准化，如多久巡视一轮等；最后通过机器人的头、胸、膝盖等处的探测设备，以及事先设置好的巡视路线实现自动化养鸡。采用机器人养鸡的好处有以下两点。

第一，在规模化养鸡的运营系统中，可以降低人工费用、减少劳资纠纷。机器人养鸡，极大地提高了正大蛋业的劳动生产率，“每个鸡舍只配备一名饲养师……负责管理 17 万只蛋鸡”，而且还可以有效地提高运营监控质量，每台机器人可以 24 小时（除了充电之外）不间断地监控鸡的生活环境与舒适性。如果完全采用人工，则需要在人员培训、社会保障、排班（三班）等方面耗费大量成本，而且潜存问题多多。虽然采用机器人的前期固定投入比较高，但在全寿命周期成本方面，定会减少很多。而减少的这部分费用，可以用来集中在那名“昂贵的饲养工程师”上，提高其收入、加强培训等。

第二，可以很好地解决产出质量不稳定的问题。“让鸡一直处在稳定、舒服的环境中”从而“产蛋率和产蛋质量都会提高”。同时，尽可能避免人鸡交叉感染现象的产生。鸡蛋的稳定质量在食品安全感缺失的今天，是正大蛋业重要的竞争优势之一。

---

* 许淑君，上海财经大学国际工商管理学院运营管理系副教授。

规模化、专门化、自动化养鸡是全球发展趋势。但是,其资金投入量大、牵涉面广、土地等环境资源获取困难。同时,市场需求变化快、市场竞争激烈。为此,项目的确立需要创造性思维解决这些问题。

正大蛋业创造性地提出的"四位一体模式"本质为敏捷性,即整合各种资源迅速满足市场需求。这里,正大有良好的企业管理能力、市场捕捉能力等,农民拥有土地,政府具有良好的行政管理能力。他们也各自有自己的目标:农民希望拥有稳定的收入;政府需要在产业经济升级、税收、GDP和就业方面的政绩;正大则需要将养鸡项目落地,并平稳有序地进行生产运作,从而获取良好的经济效益和社会效益。当然,银行在该模式也有自身的获利诉求(预计3亿元贷款利息)和社会诉求(完成扶农贷款)。

在一个土地集体所有、农村人口依附土地的社会环境下,企业、政府、银行以及农民各有目的。这样复杂的背景,如果没有创造性资源整合的思维,不仅项目的立项困难重重,其资金风险、运营风险、政治风险等,都将是企业难以逾越的鸿沟。正大蛋业不仅大量采用定制化机器人养鸡,而且创造性地采用"四位一体"的商业模式,架构起与政府、银行以及农民组织的多赢关系,值得广为借鉴。

点评 2

机器换人启点临近，创新模式是王道

张博凡*

大家都知道工业革命的标志之一就是设备呈现精密化趋势，如今中国正和西方国家一样经历第四次工业革命，也就是机器人替代人的工业革命，把人类从繁重、重复、劳动强度大的生产活动中解脱出来。这个机器人也能养鸡的案例，有如及时雨分析得很及时很到位，给大家一个清晰的图谱，让大家看到机器人替代人的时代如何改变自己所在的领域，成为行业的风向标。

实际上，通过本案例的分析，机器换人并不意味着大规模裁员，而是实现劳动强度大、安全风险高、环境污染重、劳动用工多岗位的机器替代。机器人养鸡还可以解决劳动人员的职业健康和安全难题，因为养鸡最大的风险就是生物安全风险，启用机器人养鸡就预防了人和鸡的病菌交叉感染风险。同时，机器人养鸡可以保证鸡舍的安静，让鸡始终处于舒适的环境，减少人员进出对鸡的惊吓，保证鸡蛋的质量，大大提高劳动生产效率。

实际上，现在机器换人最大的难点是，前期要投入大量的研发资金，企业的积极性就会不高，而且能负担起机器人的一般都是大型企业，经济实力不强的中小微企业无力提供大量资金实行改造。

本案例的创新商业模式，就是一个很好的合作方式，一下子让机器换人这种提高生产力的方式可以落地到小微企业，四位一体的BOT模式让各方在自己的所在领域能够发挥所长。政府做经济导向，联合银行创建投融资平台，解决企业项目启动所需资金难题，并风控投资建设；龙头企业在自己的专业领域，开发产品，承担风险；小微企业的农民创收，提高了生产效率；同时农

---

* 张博凡，中欧国际工商学院EMBA2012级学员，白熊e管家创始人。

民合作社也使得项目迅速推广和开展生产。政府与龙头企业之间建立强纽带和桥梁关系，让政府真正实现在产业发展方面所起的积极推动作用。龙头企业有资金、有能力推动工业机器人在该领域的创新，在本行业得到聚焦的发展，降低企业成本。从银行方面来说，新的投资项目既缓解了企业的资金压力、提升企业机器换人的积极性，又拓展了银行的新业务模式并顺利完成其每年扶农贷款的指标。作为小微企业的农民合作社来说，机器换人不一定要高大上，BOT的形式是低成本的机器换人整体解决方案，为企业解决开支的同时，也使小微企业真正买得起、用得起量身定制的机器人和与整个产业配套的自动化设备。

附录 4-1：在鸡舍里工作的机器人

图片来源：北京正大蛋业有限公司。

附录 4-2：四位一体模式示意图

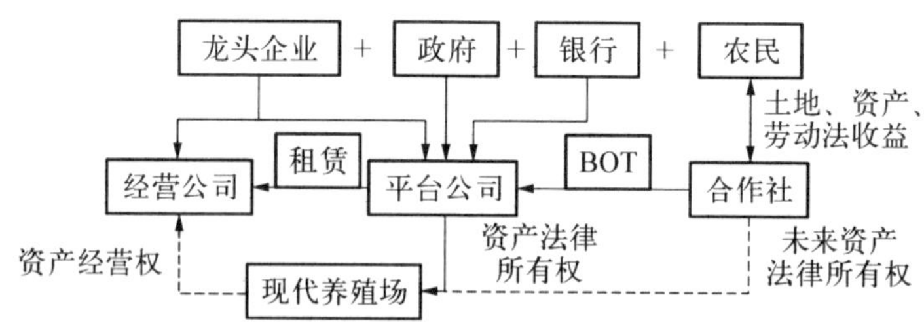

图片来源：正大集团。

附录 4-3：平谷项目运用四位一体模式的示意图

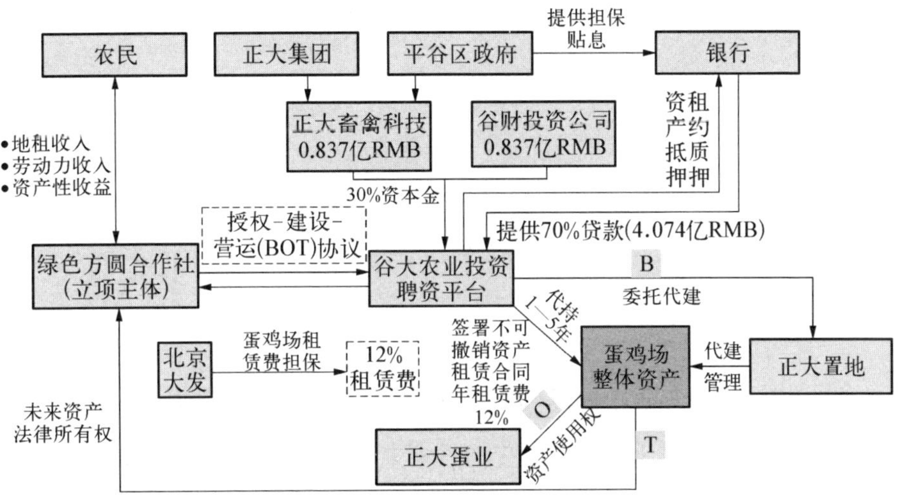

图片来源：正大集团。

案例五
阿里：十年金融路*

2012年9月，全世界最大的电子商务平台——阿里巴巴集团的创始人马云在阿里网商大会上，将阿里巴巴的未来定位为"平台、金融和数据"三大核心业务。自此，阿里在金融领域的动作频出，布局新业务、推出新产品和调整组织架构等方面齐头并进。一时间，"如果银行不改变，我们就改变银行"的口号如平地惊雷，举世皆惊。

然而，阿里巴巴涉足金融之路并非一片坦途。随着大数据、云计算、平台，以及移动互联网等新兴技术的发展，B2B2C与O2O等商业模式的变革，马云在率先扛起互联网金融大旗时，不仅遭遇传统金融"大佬"的狙击，同时还得防范互联网"新贵"们层出不穷的挑战。

前有强敌环伺，后有追兵猎杀，马云究竟路在何方？

本案例以2002年阿里巴巴推出"诚信通"为开端，重点梳理阿里金融走过的十年历程、完成的关键七步，从过去、现在和未来三个维度全景展示阿里金融的发展历程、技术创新和商业变革，以及挑战与思考。

---

* 本案例由中欧国际工商学院兼职案例研究员季宸东在中欧国际工商学院朱晓明教授指导下根据公开资料撰写。案例开发过程中得到了研究助理倪英子的大力帮助。该案例目的是用来做课堂讨论的题材而非说明案例所述公司管理是否有效。

阿 里 巴 巴

阿里巴巴集团由杭州电子工学院英语教师马云于1999年创立，提供多元化的互联网业务，涵盖B2B贸易、个人零售、支付、企业管理软件和生活分类信息等服务范畴。

阿里巴巴是全球B2B电子商务品牌，是目前全球最大的网上交易市场和商务交流社区，总部设在杭州，并在海外设立新加坡、印度、英国及美国70多个办事处，拥有20 400多名员工。

阿里巴巴曾两次入选哈佛大学商学院MBA案例，连续五次被美国权威财经杂志《福布斯》选为全球最佳B2B站点之一；多次被相关机构评为全球最受欢迎的B2B网站、中国商务类优秀网站、中国百家优秀网站、中国最佳贸易网，被国内外媒体硅谷和国外风险投资家誉为与Yahoo、Amazon、eBay、AOL比肩的五大互联网商务流派代表之一。

旗下公司包括：阿里巴巴、淘宝、支付宝、阿里软件、阿里妈妈、口碑网、阿里云、中国雅虎、一淘网、淘宝商城、中国万网、聚划算等[①]（参见附录5-1：阿里巴巴发展历程、附录5-2：2014年阿里巴巴IPO招股说明书主要财务数据）。

阿 里 金 融

十多年前刚刚创立阿里巴巴时，怀揣梦想的马云为了融资，一周之内见了四十多位风险投资商，但一家家敲门后，又一次次被拒绝。此等遭遇使马云萌生了一个梦想：要建立一个平台，帮助小企业成长。这也成为马云日后

① 《阿里巴巴集团简介》(2014年3月25日)，央广网，http://tech.cnr.cn/techhlw/201403/t20140325_515152269.shtml，最后浏览日期：2015年11月4日。

进军金融的源动力,也为阿里金融的快速成长播下了最初的种子。

之后的十年,马云的金融帝国梦想一步步实现。从推出“诚信通”到推出支付宝,再到与银行合作试水网络信贷服务,直至 2013 年余额宝和资产证券化产品横空出世,阿里金融帝国初具雏形,马云进军金融的梦想成功接入现实。

阿里金融的十年探索可以划分为三个阶段:顺风起航、多元探索和全面布局(参见附录 5-3:阿里金融发展的三个阶段)。

顺风起航(2002—2010 年)

马云曾说过:“小企业成功靠精明;中等企业成功靠管理;大企业成功靠的是诚信。”信用体系以及背后的大数据是阿里金融最独特的地方,也是阿里金融未来最具看点的关键,阿里巴巴数据和信用体系的建设最早可以追溯到 2002 年。

2001 年前后,中国网络电子商务环境日趋浮躁,一些网络贸易服务公司纷纷从免费服务向收费服务转型,单方面撕毁了承诺的免费协议,网络信用显脆弱态势。

在这样的环境下,阿里巴巴开始重塑网络信用。

2002 年 3 月,阿里巴巴创造性地推出了“诚信通”计划,为会员企业提供互联网认证服务,推动了网上商业信用的建立。在一个虚拟的互联网平台上搭建诚信的商业体系,这在当时的商业环境中难以想象。在随后的 2004 年 3 月,阿里巴巴推出了“诚信通指数”,通过一套科学的评价标准来衡量会员的信用状况。

2003 年 5 月,看到 C2C 业务的潜在需求和广阔前景的马云推出了淘宝网,并于当年 10 月成立第三方支付平台——支付宝。当年 12 月,支付宝网站正式上线并独立运营。

2007 年 5 月,阿里巴巴联合建设银行、工商银行向会员企业推出网络信贷产品。接受会员贷款申请后，阿里巴巴会将申请和企业在阿里商业信用数据库中积累的信用记录交由银行，由银行审核并决定是否发放贷款。

2009年，为推进与银行合作而设立的网络银行部被从B2B业务中拆分出来，纳入阿里巴巴集团，负责集团旗下所有子公司融资业务，此后更名为“阿里巴巴金融”，从而完成了金融业务架构的独立（参见附录5-4：阿里金融的业务结构）。

以上阿里涉足金融的第一阶段，不管是“有心摘花”还是“无心插柳”，围绕阿里巴巴电商平台和商家建立的信用数据库，成为日后阿里金融的基础和核心竞争力。此外，与银行的合作使得阿里巴巴对信贷流程及风险控制有了更深入的理解，为下一步拓展阿里小贷和担保业务奠定了重要基础。

多元探索（2010—2012年）

天下没有不散的筵席。2010年年初，在阿里金融与银行完成初步试水之时，双方分道扬镳。而此时的马云，已经为“单干”做好了准备。

2010年6月，马云成立浙江阿里巴巴小额贷款公司，阿里金融的信贷业务由此正式启动。2011年6月，重庆阿里巴巴小额贷款公司正式成立，阿里小贷进入了快速扩张期。以小微企业为目标客户，以阿里商家信用数据库和信用评价体系为支撑，阿里小贷具备无抵押、以信用网上申请贷款、办理流程快捷、支取和停用方便等特点。

此外，支付宝还也在不停地跑马圈地，于2011年5月顺利拿到了人民银行颁发的首张《支付业务许可证》。此外，支付宝还不断地拓宽业务范围，例如上线商家服务平台、收购安卡支付进军国际航空支付、加强支付安全、获得基金第三方支付牌照等。

2012年，马云旗下的三家公司阿里巴巴、淘宝以及浙江融信联合在重庆注册成立商诚融资担保有限公司，注册资金3亿元。作为交易链条的重要组成部分，阿里担保公司可以在消费金融创新和小微信贷中作为担保方提供保障。

在短短不到三年的时间，马云在商业征信、第三方支付、网络信贷、网络保险和担保等金融的相关领域频频布局，阿里金融的多元化探索走上了快车道。

全面布局(2012—2013年)

2013年1月1日，阿里正式启动转型，明确平台、金融和数据三大业务。此后围绕这三大核心业务，马云对阿里的组织架构和人事体系进行了密集的调整。

2013年年初，阿里巴巴的架构调整为25个事业群，但阿里金融和支付宝不在其中。2月22日，阿里巴巴将支付宝拆分为共享平台事业部、国际业务事业部和国内业务事业部，再加上阿里金融，共同构成阿里金融业务四大事业群。四天后，在阿里新的金融团队开年会议上，马云提出阿里金融要回归金融本质，他称"阿里做的金融业务不是改革，而是一场革命，一场金融的革命"[①]。随后，阿里宣布以四大事业群为班底筹建阿里小微金融服务集团，并任命彭蕾为CEO[②]。

2014年10月16日，阿里小微金融服务集团正式成立，并正式更名为"浙江蚂蚁小微金融服务集团有限公司"，阿里巴巴创始人之一的彭蕾担任CEO，旗下业务包括支付宝、支付宝钱包、余额宝、招财宝、蚂蚁小贷、网商

① 曹金玲：《支付宝的"大野心"：中国金融"搅局者"》(2013年6月18日)，第一财经网，http://www.yicai.com/news/2013/06/2787707.html，最后浏览日期：2015年10月26日。

② 2014年8月，阿里巴巴集团在更新的招股说明书中披露，根据与小微金融新达成的协议，阿里巴巴集团将分享小微金服的税前利润，而不再仅仅是支付宝这一家公司。与之相应，阿里巴巴集团获得的税前利润分享也从上一版协议规定的支付宝的49.9%调整为小微金服集团的37.5%。此外，阿里巴巴集团向小微金服出售中小企业贷款业务，对价为现金32.19亿元人民币加7年年费，以规避金融及监管风险。

银行[①]。

“中国不需要再多一家金融公司，但中国缺一家真正专注服务小微企业的金融服务公司。”马云踌躇满志。

自此，阿里金融整体业务板块和战斗序列正式浮出水面，以支付宝为支点、进军金融业的战略布局趋于明朗，阿里下一个十年的战略重点由此出发。

阿里金融之“七剑”战略

虽然马云多次表态不会和银行竞争，银行不想做的由阿里来做，但善于谋篇布局的他已经在金融服务领域形成包括征信、贷款、吸储、担保、保险、支付结算、资产管理等金融服务的全流程，理论上阿里金融已经成为一个功能齐全的金融机构。尽管，还有许多管道需要梳理和打通，但这只是个时间问题。

如同中华武术，一招一式皆有章法可循。支撑起马云宏伟金融帝国梦想的，背后是招式各异却步步为营的“七剑”战略。

信用为本

阿里金融的最初萌芽源自2002年推出的“诚信通”，这为阿里商业信用体系建设和阿里金融运作奠定了基础。

2002年3月，马云经三轮融资推出了基于电子商务平台的“诚信通”认证服务，这是阿里巴巴为从事国内贸易的中小企业推出的会员制网上交易服务，用以解决互联网交易的信用问题。由此，阿里巴巴B2B的“会员费模式”定型，并成为阿里最主要的收入来源。

---

① 祝剑禾、高晨：《阿里成立蚂蚁小微金融服务集团》，《京华时报》，2014年10月17日。

建立交易双方信用状况量化综合评分体系是阿里征信模式的关键一步。2004年3月阿里巴巴推出“诚信通指数”，将诚信通会员身份认证、诚信通档案年限、交易状况、客户评价、商业纠纷、投诉状况等纳入“诚信通指数”统计系统。这种信用记录和评分模式较为真实地反映了企业的生产、经营及销售情况，并通过科学量化体系来计算评估企业的信用状况，具有很强的参考意义和价值。

对网商而言，加入诚信通会员，企业身份通过被阿里巴巴认证的第三方独立机构确认，阿里将为企业建立诚信档案。企业交易信用被长期记载、积累和展示，有助于赢得买家的信任。

事实上，“诚信通”本意是用于解决互联网交易信息不对称的问题，却因此“意外”获取了海量的客户信用信息并加以利用，从而建立了阿里征信模式，为阿里金融构建了独特的商业征信模式。

支付称雄

如果说“诚信通”信用评估体系及其衍生出的服务还处于金融中介层次，那么阿里金融的另一款产品支付宝就具有较强的“准银行”色彩。

在阿里的金融体系里，支付宝是起步较早、发展得最好的一个板块。最初的支付宝团队只有3名员工，包括一名财务经理、一名会计以及一名出纳。直到如今，这支团队已蓬勃发展为拥有3 500人左右的独立支付公司。

到2013年年底，支付宝实名用户已近3亿，其中超过1亿的手机支付用户在过去1年完成27.8亿笔、金额超9 000亿元人民币的支付，超过硅谷两大移动支付巨头贝宝(PayPal)和Square移动支付3 000亿元人民币的总和，成为全球最大的移动支付公司①。

① 支付宝官方统计数据，2014年2月8日。

支付宝缘起于淘宝网的上线。2003 年年初，在阿里巴巴 B2B 业务盈利稳定后，马云为寻找新增长点开始了日本之行。马云发现，雅虎日本凭借本土化策略在日本 C2C 市场大胜 eBay 日本。同时，雅虎日本董事长兼阿里巴巴股东孙正义告诉马云："既然雅虎日本能凭借本土化策略在日本 C2C 市场胜出，阿里巴巴同样能在中国成功。"[①]日本之行坚定了马云推出 C2C 业务的决心。2013 年 5 月，淘宝网上线。随后的 10 月，阿里推出了日后为金融支付带来深远变革的支付宝。

支付宝的出现首先不是为了解决在线支付的问题，而是为了建立买卖双方之间的信任。买家可以先把款打到支付宝，支付宝通知卖家发货，买家收到货后确认收款，再由支付宝将款打给卖家[②](参见附录 5-5：阿里金融支付宝运作机制)。

作为阿里金融最重要的资产之一，相比传统银行的网上支付，支付宝有如下差异化优势。

- 双向渠道：支付宝首先是资金结算渠道，相当于线上银联，通过向商户收取支付费率获利；同时，也是用户获取和交互渠道，支付宝积累近 3 亿实名注册用户，支付宝钱包用户数去年也超 1 亿，成为全球最大的移动支付公司[③]。
- 触网平台：支付宝通过移动平台二维码、服务窗、卡券、WiFi 等功能，逐步向医疗行业、交通行业、餐饮娱乐行业等细分行业渗透，从而成为众多传统行业互联网转型的触网平台。
- 海量数据：支付宝为阿里金融沉淀了包括用户信息、消费习惯、消费

① 江涛：《阿里巴巴集团业务发展史》(2011 年 11 月 13 日)，雪球经济，http：//xueqiu. com/8417755168/20494054，最后游览日期：2015 年 10 月 26 日。

② 曹金玲：《阿里金融的前世今生》(2013 年 3 月 29 日)，第一财经网，http：//www. yicai. com/news/2013/03/2588265. html，最后浏览日期：2015 年 10 月 26 日。

③ 徐曼丽：《支付宝成全球最大移动支付公司》，《今日早报》，2014 年 2 月 11 日。

金额、交易频率等在内的交易数据。这些用户行为数据及账户数据，将为其他阿里金融的业务研发和推广提供数据支持。

从监管的角度来看，政府对互联网金融日益持谨慎开放态度。特别是，总理政府工作报告中首次写入互联网金融，让饱受争议的业界感受到春天的气息，这使支付宝业务获得了宝贵的政策腾挪空间。

然而，在线上支付兴起、第三方支付迅速发展的背景下，银联、银行与支付宝等的长期利益竞合逐渐从幕后走到了台前。从2013年阿里金融的虚拟信用卡被叫停，到线下扫二维码和条形码支付业务暂停推出，支付宝遭遇竞争对手强有力的狙击。

以银联为例，其业务收入主要分三块：境内POS交易转接收入（即刷卡商户的佣金部分）；境内ATM收入；国际业务和创新业务收入。其中，POS交易转接收入约占银联营业收入的60%～70%。支付宝谋划推出的线下扫码支付和虚拟信用卡，相当于把网上支付渠道扩张到了线下。通过这些渠道支付时，支付宝等第三方支付与银行对接，银联被彻底绕开[①]。一旦这类新兴支付模式和市场做大，对银联市场地位和收入的冲击将首当其冲。可以预见，包括银联和传统金融机构在内对支付宝的反击，仍将持续。

面向未来，阿里小微金服CEO彭蕾公开披露了战略方向：无线和国际化是未来的重点。而小微金服的无线和国际化，重点在于支付宝的无线和国际化。

支付宝的无线化，是拓展垂直市场战略的关键点。早在2009年11月，支付宝就推出手机支付服务，可通过手机向对方支付宝账户付款、确认收货、水电煤缴费以及利用支付宝账户给本机充值等功能。

支付宝对于各类垂直市场的渗透也在不断深化。2014年5月，支付宝

① 丁丁学理财：《银联与支付宝的支付战争》（2014年3月17日），虎嗅网，http：//www.huxiu.com/artide/29768/1.html，最后浏览日期：2015年10月26日。

对外公布“未来医院”计划。根据该计划，支付宝将对医疗机构开放平台能力，包括账户体系、移动平台、支付及金融解决方案、云计算能力、大数据平台等，以帮助医院建立移动医疗服务体系。从而，用户可以在线完成挂号、候诊、缴费、取药，甚至医患互动[①]。截至目前，支付宝涉及的业务范围已涵盖购物、旅游、航空机票、电影、信用卡还款、公用事业缴费、教育缴费及虚拟游戏等，逐步搭建的“网上生活圈”，为消费者解决吃穿住行等生活问题提供更为便捷的解决之道。

支付宝的国际化，是其横向拓展战略的内核，素来低调但早在2007年就开始厉兵秣马。2007年年底，支付宝开展了境外收单业务；2014年4月，日本最大电商平台乐天与支付宝合作试水海淘服务，用户在乐天国际海淘可通过支付宝用人民币付款；6月，支付宝和美国在线支付公司Stripe达成合作，允许任何接入Stripe的商家使用支付宝收款；而如今又大举进攻欧洲旅游市场，消费者在欧洲等地购物，可使用支付宝办理退税，退税金最快10个工作日到达支付宝账号，并且支持支付宝钱包实时查看到账情况[②]……支付宝的全球化版图已渐渐清晰，伴随支付宝的国际化，竞争实力有望增强，市场空间将更为广阔。

小贷掘金

小贷和微贷是阿里金融试水较早的运作实体，早在2007年就已开始筹备。2007年，阿里联合建行、工行向会员企业提供网络联保贷款，阿里巴巴将提交申请的会员信用记录提交给银行，由银行进行风控并提供信贷资金[③]。

---

① 陈洲：《支付宝推“未来医院”O2O造梦在线医疗》，《通信信息报》，2014年6月5日。

② 王晓宇：《支付宝走向国际化　推出海外退税服务》（2014年7月15日），中国商网，http://www.2gswcn.com/2014/0715/442491.shtml，最后浏览日期：2015年10月26日。

③ 曹金玲：《阿里金融的前世今生》（2013年3月29日），第一财经日网，http://www.yicai.com/news/2013/03/2588265.html，最后浏览日期：2015年10月26日。

对于阿里金融而言，这项合作的作用不言而喻：首先可以吸引更多包括银行用户的企业成为“诚信通”会员并获得贷款；其次建立起一整套信用评价体系和信用数据库，以及一系列应对贷款风险的控制机制。

对于合作银行而言，合作可以扩大银行增量客户规模，借助阿里巴巴的交易平台优势协助银行优化客户信用评估机制，完善贷款风险控制体系。

然而，阿里与两家国有大行的“联姻”于2010年戛然而止。

2010年6月8日，在阿里巴巴、银泰、万向、复星等股东的推动下，浙江阿里巴巴小额贷款公司成立，注册资本6亿元。这是中国第一家完全面向电子商务领域小微企业融资需求的小贷公司，还获得国内首张电子商务领域的小额贷款公司营业执照。次年，重庆市阿里巴巴小额贷款有限公司也宣告成立，注册资本10亿元。基于阿里的三个平台，可以为会员分别提供订单贷款、信用贷款两项服务。由此，阿里巴巴集团旗下金融业务板块“阿里金融”正式起航。

就贷款的比例而言，阿里小贷中80%为淘宝贷款，投向淘宝、天猫和聚划算的商家，一般情况下这部分贷款的最高额度为100万元；剩余的20%为阿里巴巴贷款，投向了阿里巴巴会员企业，一般最高额度为300万元（参见附录5-6：阿里小贷业务结构、附录5-7：阿里巴巴贷款方式）。

就贷款成本结构而言，在8%～18%的贷款成本构成中，2%～5%的风险准备金由阿里代收，也就是说贷款成本中的1%～2.5%为阿里的“收入”①。

对于小微企业来说，贷款利率和借款效率方面阿里小贷相比传统银行具一定的优势。首先，大部分银行小额贷款的年化利率在18%左右，最低可以达到13%，而阿里小贷灵活的借还款方式，使其实际贷款利率仅为6.7%。

---

① 包慧：《俞胜法上任阿里小贷总经理 开放部分核心数据 阿里和银行再度合作》，《21世纪经济报道》，2014年7月23日。

其次，阿里小贷内部有一个被叫做“310”的工作模式：即 3 分钟申请，1 秒钟授信，0 员工介入，全程在线上完成，而且 24 小时“在线”。借助大数据实现了风险管控，因而小贷的效率相比与传统银行贷款大为提高[①]。用数据替代财务报表，用网页替代网点，用互联网手段降低企业融资成本。截至 2014 年 6 月，阿里小贷服务逾 80 万家小微企业，累计投放信用贷款超过 2 100 亿元[②]。

数据和网络是阿里金融微贷技术的核心所在。利用其天然优势——阿里电子商务平台上客户积累的信用数据及行为数据，引入网络数据模型和在线视频资信调查模式，通过交叉检验技术辅以第三方验证确认客户信息的真实性，将客户在电子商务平台的行为数据映射为企业和个人的信用评价，向这些通常无法在传统金融渠道获得贷款的群体批量发放“金额小、期限短、随借随还”的小额贷款。

阿里金融的微贷技术支撑风险控制体系。阿里金融建立了多层次的微贷风险预警和管理体系，贷前、贷中以及贷后三个环节环环相扣，利用数据采集和模型分析等手段，根据小微企业在阿里巴巴平台上积累的信用及行为数据，对企业的还款能力及还款意愿进行评估。同时结合贷后监控和网络店铺/账号关停机制提高客户的违约成本，有效地控制贷款风险[③]。

担保助力

在第三方支付和网络信贷领域打下稳固基础后，马云继续拓展新领域，进军担保和网络保险业务。

---

① 苗燕：《银行筹谋小贷市场 与阿里小贷 PK 谁更胜一筹?》(2014 年 1 月 14 日)，中国证券网，http://caifu.cnstock.com/fortune/sft_gdxw/201401/2880293.htm，最后浏览日期：2015 年 10 月 26 日。

② 包慧：《俞胜法上任阿里小贷总经理 开放部分核心数据 阿里和银行再度合作》，《21 世纪经济报道》，2014 年 7 月 23 日。

③ 曹金玲：《阿里金融的前世今生》(2013 年 3 月 29 日)，第一财经网，http://www.yicai.com/news/2013/03/2588265.html，最后浏览日期：2015 年 10 月 26 日。

2012 年 9 月,马云旗下的三家公司阿里巴巴、淘宝以及浙江融信联合在重庆注册成立商诚融资担保有限公司,注册资金 3 亿元。

根据重庆市外经贸委的批复文件,阿里巴巴公司占注册资本 70%,淘宝公司占 20%,融信公司占 10%。企业经营范围为贷款担保、票据承兑担保、贸易融资担保、项目融资担保、信用证担保等融资性担保业务;兼营诉讼保全担保业务,履约担保业务,与担保业务有关的中介服务。

具体而言,相比小额贷款不得高于 1.5 倍的杠杆率而言,担保的杠杆率可以达到 3 倍,这无异于放大了公司的贷款额度,可以服务于更多具有更大资金需求的商家。同时,担保公司在消费金融创新和小微信贷中作为担保方提供保障,完善了交易的链条。

对于企业而言,在中国 4 200 万家中小企业中,有超过 90%的企业需要贷款。但其中有接近 70%的企业因为不能提供抵押物而无法从传统金融渠道获得贷款。阿里小贷提供了融资平台,而阿里担保则帮助企业解决了担保的问题,从而贯穿了企业融资链上的两头。

涉足保险

2013 年 11 月 6 日,中国首家获得网络保险牌照的众安在线财产保险股份有限公司开业。公司注册资本人民币 10 亿元,注册地上海市。股权结构上,马云掌管的阿里巴巴电子商务公司持股 19.9%,马化腾的腾讯公司和马明哲的平安保险分别持股 15%,余下部分由优孚控股、携程网等五家公司持有。

从股权结构上可以看出,众安在线是一家血统纯正的互联网公司。这也带给这家“三马保险”一个有别于其他传统保险公司的最大的特点:中国首家完全依赖互联网进行保单销售与理赔,不设分支机构的互联网保险公司[①]。

---

① 沈梦捷:《“三马”卖保险 你放心吗?》,《新闻晚报》,2013 年 2 月 21 日。

对于平安而言，不仅可以探索保险营销的新途径，解决渠道同质化的问题，还可以共享阿里、腾讯数以亿计的客户资源。

对于第一大股东阿里而言，互联网保险将成为阿里金融棋局的重要支点。除借鉴伯克希尔-哈撒韦通过保险业务获取低成本险资的商业考量，众安在线将可能为阿里金融担负起更重要的职责：在网络金融时代尚未完全到来时，利用合作伙伴各自的牌照、业务模式和客户资源，树起金融服务和金融产品互联网化的旗帜，从而实现保险产品形态的变革和服务模式的网络化，最终打通保险产业链。

宝宝转型

余额宝是2013年6月由马云整合支付宝与天弘基金，打造的一项支付宝的增值服务，也是阿里巴巴从交易平台向金融平台转型的开始。由于余额宝是基于支付宝平台，而支付宝是消费者使用频率较高的淘宝交易平台，这样余额宝很容易捕获到大量零售客户。

究其本质，余额宝是以互联网为销售渠道的货币基金，通过以嵌入式直销为主体模式的基金营销模式，汇集资金后投向存款或债券类的金融产品来获取收益。从阿里发展金融的战略意图来看，余额宝相当于发挥了吸储的功能，将用户资金吸引过来（相当部分是分流了银行的活期储蓄）。今后，阿里金融将这些资金用于阿里小贷业务中，则打通了资金的供需环节。

在余额宝资产组合中，银行存款和结算备付金占到了92.5%，债券投资仅6.7%。也就是说，余额宝90%以上的资产投资了银行的协议存款[①]。

对银行来说，余额宝的出现让金融机构看到了电商的优势，也让银行受到了威胁。包括余额宝在内"宝宝"们爆发式的增长，正侵蚀着银行的利益。

① 赵娟、史尧尧：《解构余额宝天花板：巨无霸生存压力已来》，《经济观察报》，2014年1月26日。

截至2014年1月底，互联网货币基金总规模已接近万亿元。而随之出现的活期存款大搬家，使得银行负债成本快速上升，同时也让银行的流动性管理难度增大[①]。

对消费者而言，和银行相比余额宝最大的优点是便捷性。虽然数据统计显示，截至2014年8月14日，余额宝7日年化收益率从去年的超过6%，下滑至4.19%[②]，但依然是对消费者富有吸引力的理财渠道之一。由于余额宝实现了“T+0”赎回、资金“实时提现”，通过余额宝可以将支付宝中暂时闲置的资金转入余额宝中，用于购买基金等理财产品从而获得收益。同时，用户可以随时将余额宝内的资金转出用于网上购物、支付宝转账等支付功能。这种“鲇鱼效应”，可以迫使银行进行产品和服务的创新，从而更加符合中小储户的利益。

如果说余额宝是阿里巴巴从交易平台向金融平台转型的开始，招财宝则意味着为阿里巴巴金融平台打通了“任督二脉”。

2014年8月25日，阿里金融对外发布了互联网金融理财产品“招财宝”，定位为投资理财居间信息服务平台，产品主要有三类——基金产品、保险产品（主要为万能险）和借款类产品，预期年化收益在5.4%～7%，期限3个月至3年不等。

从直接融资和间接融资区分P2P和类银行融资的角度来看，招财宝的定位与当下的P2P网贷十分相似。而且据透露，招财宝的监管部门是上海市黄浦区金融办，其模式对应的正是P2P监管。

近年来，P2P在中国的发展堪称火爆。数据显示，2012年全年P2P借贷规模近300亿，然而2013年P2P网贷平台成交额规模高达897.1亿元，同比增长292.4%，预计未来两年，仍然保持200%左右的增速发展。截至2014

---

① 苗燕：《中银协规范银行存款 余额宝“入编”》，《上海证券报》，2014年2月28日。
② 余额宝官方统计数据，2014年8月14日。

年6月，P2P网贷平台数量达到1 263家[1]。

对投资者来说，招财宝最大的亮点就是“随时变现”，投资者仅需向平台支付按交易金额乘以千分之二的手续费就可以立即变现，并且原产品收益率完全保持不变，解决了“高收益＝长固定期限”的难题。同时，招财宝也丰富了投资产品选择，既有满足客户理财加购物支付需求的增利宝，又有满足纯理财需求的招财宝平台。

对于阿里金融而言，由于目前余额宝的增速逐渐放缓，阿里急于在金融板块中寻找另一种有效模式，以弥补投融资在线撮合交易平台的空白。借助招财宝，阿里形成了包括阿里小贷、招财宝、余额宝、分期购等多级体系的互联网金融体系，构成了阿里金融完整的业务版图。

依托阿里的技术与客户资源优势，招财宝对自身的业务作了清晰的界定。招财宝作为平台核心主要为投融资双方提供交易平台，相关的技术支持、数据建模和分析、第三方支付工具（支付宝）、流量供应和项目融资，则由阿里提供专业化的支持，在一定程度上降低了风险，提高了投资收益。

民银初探

2013年起，阿里小微金服联合万向中国控股有限公司共同申请民营银行牌照。该方案明确提出了“小存小贷”的模式，强调其所要建立的民营银行将主要服务于电子商务平台小微企业和社区居民，而设计方案充分考虑了互联网的特点。

根据此前银监会在民营银行试点方案新闻通气会上的介绍，阿里巴巴银行方案的特色为：第一，小存小贷模式设置了存贷款上限，特色清楚，符合差异化经营导向；第二，网络银行模式，利用互联网技术来开展银行业务，客户

---

① 申静：《P2P网络借贷钱途无限》（2014年5月28日），搜狐网，http://stock.sohu.com/20140528/n400157156.html，最后浏览日期：2015年10月26日。

来自电商[1]。预计一旦阿里银行获批,阿里小贷的放贷技术、风控模型都将可以被移植到阿里银行的"小存小贷"模式中。阿里银行的主营业务仍将以大数据为基础,为阿里各个电商平台的企业和用户提供金融服务。

银行对于阿里金融不可谓诱惑不大。首先,银行作为国内最赚钱的经济体之一,可以提升阿里的整体利润率;其次,银行这块金融领域最核心的牌照,将使得阿里各项金融业务合法化;最后,阿里银行将有助于提升集团的整体公信力,降低吸储及各类银行业务的门槛。

然而,阿里金融申请民营银行横生波折。2014年7月25日,银监会披露已正式批准三家民营银行的筹建申请,其中包括腾讯等为主发起人在深圳设立的深圳前海微众银行。然而,令人意外的是,阿里巴巴发起的民营银行暂时未获批准。

对于错失的原因,阿里小微金融服务集团副总裁俞胜法解释说,筹建方案的很多方面还未成熟,一旦落地,阿里将很快向银监会递交筹建申请,"应该快了,我们要做纯网络银行模式是原因之一,因为目前还没有先例,此外对于市场环境等方面的调研也还需要时间"[2]。

然而,作为支撑马云金融帝国梦想的重要一环——创办银行,阿里依然一路前行。

传统金融业

传统金融业运作模式

金融服务实体经济的最基本功能是融通资金,即将资金从储蓄者转移到投资者的手中。资金供需双方的匹配(如融资金额、期限和风险收益匹配)通

① 包慧:《阿里独家释疑为何缺席首批民营银行》,《21世纪经济报道》,2014年7月31日。
② 同上。

过两类中介进行：一类是银行，对应着间接融资模式；另一类是股票和债券市场，对应着直接融资模式（参见附录5-8：传统金融机构业务）。两类融资模式对资源配置和经济增长起到了重要作用，但也产生了很大的交易成本，直接体现为银行和券商的利润。

然而，随着大数据、云计算、平台、移动互联及金融软件的发展，以阿里金融为代表的互联网金融业，已经并正在深刻地改变着传统金融业的生存环境和商业模式，并引起了包括银行、券商、基金及金融监管机构等传统金融业的重视。

传统金融业奋起直追

传统金融业积极利用其固有优势，通过合纵连横深挖"护城河"，抵御和反击来自包括阿里金融等在内的互联网金融业的攻城略地。

- 2011年9月，平安集团倾力打造了网络投融资平台——陆金所，使得P2P行业迎来一名"正规军"。
- 2012年6月，建设银行善融商务低调问世。这是四大行中首家推出电子商务综合金融服务平台的银行。旗下涵盖企业商城（B2B）、个人商城（B2C）、房e通（选房买房及个人贷款服务）。经过近一年运营，取得近80亿元的交易规模。
- 2013年上半年，中信网银先后推出NFC手机近场支付、手机二维码支付、POS网络商户贷款等业务[①]。
- 2013年7月，广发银行联合易方达基金，推出类"余额宝"项目——"智能金账户"，该产品是余额理财与自动还款相结合的"信用理财"新工具。

① 施广智：《中信银行加速互联网金融布局 POS网贷化解小微融资难》（2014年2月19日），大众网，http://www.dzww.com/finance/yinhang/yhzx/201402/t20140219_9679385.htm，最后浏览日期：2015年11月2日。

一直受制于渠道的基金公司，更是全面拥抱互联网金融。从最初建立自己的网上直销系统，到货币现金管理账户的推出，再到货币基金 T+0 快速赎回，及货币基金支付方式进行网络消费等，基金业并没有花费太多时间。

金融业与互联网合作共赢

“没有永远的敌人，只有永远的利益”，更多的金融机构开始选择与互联网金融合作共赢。

截至目前，市场上已有 10 余家基金公司在淘宝网上开设“淘宝旗舰店”；2013 年 8 月，上海农商银行与阿里金融在信用支付上达成合作，在该模式下，银行获得资金固定收益，阿里金融负责风控；国海富兰克林基金官网的网上交易已接入银联、支付宝、财付通、汇付天下等几乎所有第三方支付机构作为支付通道。

互联网要颠覆的不是金融业，是金融业的运营方式。对消费者来说，互联网带来了平等、开放、分享的思想，推动着互联网金融的市场化竞争格局优化，促进传统金融业务升级转型，最终实现消费者利益的最大化。

阿里金融机遇与挑战

自 2002 年阿里巴巴创造性地推出“诚信通”会员认证起，至 2013 年转型并确立“平台、金融和数据”三大核心业务，阿里已在金融领域布局和耕耘逾十年。

阿里金融未来的机遇

数据库是阿里金融的最核心资产。对大数据的分析和应用能力将成为阿里金融未来的最重要的助推器。

数据挖掘为基础。在阿里金融系统内，已经形成了“数据—信用—价值”

的闭环系统。用户通过 PC 或移动设备发生的交易行为会产生相当数量的原始数据，原始数据通过设备采集后进入分发中心，按照一定分发规则被分发至各个集群服务器。零散的、无序的、没有关联的原始数据在集群服务器被加工成人或者机器可以理解的形式，数据进一步被挖掘，形成业务模型。此外，为便于在内部解决数据的交换、安全和匹配等问题，阿里还搭建了一个数据交换平台。在这个平台上，各个事业群可以实现数据的内部流转，实现价值最大化。与此同时，如何为海量的数据提供充足的专业数据挖掘分析人才支撑，将变得更为重要。

征信体系为核心。阿里金融围绕阿里巴巴、淘宝、天猫、支付宝等平台上的大量商家和消费者建立的信用数据库和信用评价体系，是阿里金融的核心资产，也是银行等合作伙伴最垂涎的地方。这些数据和信用体系将成为阿里未来金融业务全面布局的核心，以此为起点，阿里金融是否可以在这一体系中扮演好平台服务商和数据提供商等多重角色，同时解决好消费者信息安全的问题，将考验着阿里管理层的智慧。

移动支付为抓手。在线上支付兴起、第三方支付迅速发展的背景下，移动支付技术的布局已成为阿里金融的重点。支付宝已利用其移动金融支付技术结合商业化运作经验，先后推出了条码收银、条码支付、摇摇支付、二维码扫描支付、"悦享拍"、声波支付等特色移动支付服务，无异于是"以用户账户为中心"移动金融应用的雏形。一旦移动支付市场呈现爆发式增长，那么阿里将快速占据领先市场份额。然而，由于移动支付触动了包括银联、银行等在内传统 POS 交易的市场蛋糕，未来马云如何应对来自监管层和市场层面的挑战，值得进一步观察。

阿里金融面临的挑战

阿里金融虽然一时间风生水起，业内外无不为之侧目。然而，人无远虑，必有近忧。阿里金融在平台支撑性、小贷成长性、风险控制能力、余额宝利率下行等领域面临重重挑战。

平台业务存在下行风险。随着中国外贸行业遇冷，阿里巴巴 B2B 业务受到大环境的影响与其他业务板块相比呈现此消彼长的态势；在 C2C 领域，淘宝迄今没有对手。伴随天猫上线，淘宝的流量出现了明显的分流；在 B2C 领域中，天猫遭遇了各路强劲的对手——京东、苏宁易购、当当、1 号店等及 O2O 电商的冲击。天猫加淘宝最早占据了电商约 90%以上的市场份额，而现在占比降到了 60%左右。

支付宝面临着三大挑战。首先，如何应对银联的抵制和冲击。银联旗下的银联商务、银联在线等业务在线下 POS 收单和互联网支付等层面，与包括支付宝在内的第三方支付机构展开激烈的争夺。其次，支付宝线下的基础薄弱。渠道的建立不是一朝一夕的事情，尤其大部分线下商家已经与银联等形成了长期和稳定的合作关系，硬件设施相对更为完备。最后，如何应对微信支付强有力的挑战。相对支付宝，微信最明显的优势就是巨大的用户量。微信拥有 4.38 亿活跃用户（截至 2014 年第二季度）[①]作为基础，社交工具的特性决定了微信支付在吸引新用户和消费黏性的层面具有一定的优势。

小贷受制于注册资本规模。作为小贷公司，阿里的贷款资金仅限于注册资本金，浙江和重庆阿里小贷公司的注册资本金达到 16 亿，按照小贷公司融资杠杆率只有 0.5 倍的规定，阿里金融两家小贷公司可供放贷的资金最多为 24 亿元。相比平台上的庞大客户群，贷款资金来源问题会成为其发展的制约。而且，小贷公司还面临较为沉重的税收等成本负担。

风险控制模式受到质疑。阿里金融的风险控制机制呈现后台化、碎片化的特征，一般消费者不易充分了解金融业务风险。阿里小贷通过对借款人网

① 《2014 财年第二季度财报》（2014 年 8 月 13 日），腾讯网，http://tech.qq.com/zt2014/tx201491/，最后浏览日期：2015 年 10 月 26 日。

店信用等级、活跃度和经营状况等进行机器自动分析后得出结论，但仅靠自身平台交易数据得出的信用状况，线下审核的比例相对较低，将在一定程度上影响其数据准确性和风控的有效性。此外，近年来 B2C 业务的腐败丑闻甚嚣尘上，如何建立一套“诚信为本”的内控制度、运作机制和组织保障，从而有效根治商业腐败，阿里面临更大的考验。

余额宝利率下行流失用户。可以预见，随着货币市场的走弱、利率市场化进程的加快以及银行“宝宝”们的推出，最初以高收益作噱头的余额宝势必面临协议存款利率的下行、用户随之提前赎回资金和基金规模缩水的大概率事件。如何避免步第三方支付先驱贝宝的货币市场基金 MMF（money market fund）的后尘，避免被挤兑甚至清盘，余额宝的业务模式正等待更严峻的考验。

过去十年，伴随中国消费主义的蓬勃发展和互联网技术的创新应用，阿里金融从无到有演绎出一段史诗般的商业传奇。未来十年，阿里金融如何成就马云的金融帝国梦想，将取决于如何有效应对上述潜在机遇与挑战，让我们拭目以待。

点评 1

知不易行更难：新形势下蚂蚁金服面临的挑战

李玉刚*

观察阿里巴巴金融业务的拓展史，早期的一些业务，如"诚信通"、支付宝等，不管是"有心栽花"还是"无心插柳"，恐怕马云当时也没想到，这会成为企业随后大举进军金融业的重要力量。亨利·明茨伯格(Henry Mintzberg)曾经把战略划分为两种类型：深思熟虑的(deliberate)和自发产生的(emergent)。所谓深思熟虑的战略，是指一项战略发展之初就得到了系统谋划或认真设计。所谓自发产生的战略，强调了一项业务在发展之初，是为了解决当时经营活动中存在的特定问题，但是经过若干年后，却变成了企业的重要战略选择。阿里巴巴各项金融业务的拓展，正是深思熟虑和自发产生两种战略类型的混合。

仔细分析案例，你可能会发现，阿里巴巴推出的金融业务有这样几个特点。第一，早期的金融产品与阿里巴巴开展的原有主营业务紧密相关，或者本来就是服务于主营业务。例如，支付宝的早期定位，就是为了便利网上交易的开展。第二，每个金融产品都有较高的创新性。若放到整个市场里来看，你可以不认可它的新颖性，但是你也不得不承认，在特定的细分市场上它是一种全新的业务，满足了特定细分市场的需求。第三，一些新产品，在初期没有针对性的法规，企业经营处于合法性的边缘地带。支付宝在 2004 年开展业务，直到 2011 年才拿到批文。第四，产品具有很好的市场拓展性，借此可以发展出新的业务——从支付宝，到余额宝，再到微贷业务。

2015 年后，阿里巴巴集团通过重组，把与金融相关的业务装入蚂蚁金

* 李玉刚，华东理工大学商学院副院长、教授、博士生导师。

融。作为阿里巴巴关联公司的蚂蚁金服，已经涉足包括支付、微贷、基金、保险、理财、征信等多个业务领域，旗下品牌有：支付宝、支付宝钱包、余额宝、招财宝、蚂蚁微贷、芝麻信用、网商银行等多项业务。随着业务规模的扩张，这些起步于竞争较弱的细分市场的产品，开始侵犯到了行业在位者的利益，加上后来者的模仿，导致企业陷入前有强敌后有追兵的境地。继续沿用传统的业务扩展思路，将面临巨大的挑战。为此，我认为需要正确处理如下问题。

第一，既要重视新业务的拓展，又要对各项业务进行统筹优化。淘宝带动了支付宝，支付宝带动了余额宝；交易产生的数据支持了信用评价，信用评价带动了微贷。考虑到阿里巴巴和蚂蚁金服拥有的巨大客户资源，利用这些客户资源从事新的业务，抓住市场机会，看似是一种顺理成章的选择。但是，随着企业的四处扩张，如何厘清企业边界，如何提升总部管理能力，如何避免走入歧途和战略迷失，需要决策层高度关注。

第二，正确处理各个业务之间的合作和独立关系。早期金融业务取得的成功，是市场定位和已有客户资源共同作用的结果。随着场景的变化，市场竞争越来越激烈。例如，支付宝在不同的场景中遇到了来自不同企业的竞争。到 2015 年 3 月，已有 270 家企业获得了第三方支付牌照。除了传统的银行卡支付，微信支付的挑战也正在眼前。蚂蚁金服利用多个业务之间存在的合力，有助于抱团取暖，但是个别业务上遇到的强大竞争也许会拖了其他业务的后腿。在一个新产品发展的初期，利用原有产品形成的资源，获得支撑是可以的，但是长期来看，每个业务都需要形成独立的盈利能力。例如，支付宝支持了余额宝业务，但在市场围剿下，余额宝的竞争优势已不明显。

第三，对于蚂蚁金服来说，打造核心竞争力是应对市场竞争的重要一环。目前来看，公司关注到了“数据—信用—价值”的闭环系统。正像案例中所介绍的，“如何为海量的数据提供充足的专业数据挖掘人才支撑，将变得更为重要”。但是，找到数据之间的关系，对各项业务提供支持，知不易行更难啊。

点评 2

蚂蚁金服：传统金融的颠覆者

赵志刚*

阿里金融，严格地说现在叫“蚂蚁金服”，能够快速地在中国成长壮大，客观地说，是因为其出生恰逢其时，由于整体中国经济飞速发展的大环境，消费者对于网上消费购物的新鲜和时尚追求；同时，伴随整体的网络带宽、网上银行接口体系等基础设施的发展和成熟，在这样的大环境和土壤条件下，支付宝作为淘宝购物的关键闭环应运诞生。如案例所说，10 年前的支付宝只是淘宝的财务工具，很快推广到其他电商平台，初衷是为了解决电商中的信用问题，是商家和消费者的中间担保而已，但阿里在当时的条件下，在中国当时的信用体系很不完善的条件下，就能做出如此有魄力、如此颠覆的定位也是一项创举。一方面为当时的网络购物的消费者奠定了信心，大大推动了以淘宝为主的整体电商行业的蓬勃发展；另一方面，支付宝的成功也为阿里金融体系更加大胆的创新，包括：阿里小贷、余额宝、招财宝、娱乐宝等后续生态体系建设开创了先河，开阔了思路。

蚂蚁金服这个名字取得特别好，一改中国人取名的传统，喜欢大、强等词，不喜欢小、微；喜欢一上来就说是全国第一、全球第一，甚至全宇宙第一之类的称号，其结果往往是适得其反。马云和阿里团队将阿里金融最终取名为蚂蚁金服，光凭这名字就充分说明了其定位。

蚂蚁：大家都知道，个体小，力量大，群体生存，非常贴切地表明了是服务于小企业起家的，或广大的普通老百姓群体的，而不是那些传统银行金融体系服务的目标人群，是单笔交易金额很小的，而不是一笔千万上亿级的交

---

* 赵志刚，中欧国际工商学院 EMBA2013 级学员，快钱支付清算助理副总裁。

易客户(从案例的附录5-7可以清楚地看到,最高为300万)。

金服:与蚂蚁结合,强调的是崇尚通过微小的力量创造极致的、美的体验。从支付宝时代开始,由于服务的是广大普通老百姓,将用户体验始终排在第一位,主要体现在用户使用习惯、客服、到账时效等多个方面。

所以,到目前为止,蚂蚁金服这个名字应该是互联网内取得最好的名字,价值连城,应该后续会被很多公司仿效。

阿里当初的定位是"让天下没有难做的生意",蚂蚁金服CEO彭蕾在演讲时说:"我们不是一个金融的颠覆者,我们是一个补充者。我想对银行和其他金融业的伙伴们说,我们无心树敌。我们也完全没有必要树敌。"但从目前蚂蚁金服的布局看,俨然已经演化为一种生态系统,它不仅仅是伴随着阿里电商平台的扩展需要而存在的简单支付的信用担保、交易闭环,而且是利用移动互联网和大数据等新近技术构筑出了各种应用场景的广泛吸纳者和入口控制者:支付宝钱包、余额宝、招财宝、蚂蚁小贷、网商银行、征信等数据服务(芝麻信用),在周边还有其通过三马控制的众安在线(保险业务)、收购的恒生电子(为广大金券基金提供IT金融系统服务),所以,蚂蚁金服的布局已经不只是补充,只是他目前还处在高速发展阶段,还不想树敌而已。其想表达自己的低调恰恰反映了它想颠覆传统金融的本质,担心过早地让传统金融业感到不安、产生忌惮,并会同监管层作出一些过激反应,将新鲜事物扼杀在摇篮中,从另一侧面,也印证了马云著名的一句话就是"如果银行不改变,我们就改变银行"。这一天迟早会到来。

作为互联网时代的杰出代表,蚂蚁金服也有它的痛苦,现行者有先发优势,但需要付出很大的代价,掌控场景的入口需要与多方利益协调、需要与监管方密切频繁沟通,而一旦模式验证通过,监管开了先河,跟随者也会众多。从BAT的另外两家——百度、腾讯来说,其在互联网金融的布局也出现端倪。另外,排名靠前的第三方支付公司,通过与一些优势的线下资源整合,实现O2O场景的入口控制也不是没有机会。毕竟,这个市场足够大,有无限的想象空间。而从普惠金融的本质来说,一家独大往往不利于整体行业的竞争和发展,更多的选择反过来会促进行业内的玩家提供更加贴合老百姓需求的产品、提供更加舒适的用户体验和服务,让我们拭目以待吧。

附录 5-1：阿里巴巴发展历程

时　间	事　　件
1999 年 6 月	阿里巴巴集团成立。
2000 年 10 月	推出“中国供应商”服务以促进中国卖家出口贸易。
2001 年 8 月	为国际卖家推出国际站“诚信通”会员服务。
2002 年 3 月	为从事中国国内贸易的卖家和买家推出中国站“诚信通”服务。
2002 年 7 月	国际交易市场推出“关键词”服务。
2003 年 11 月	推出通讯软件“贸易通”，让买方和卖方通过网络进行实时沟通交流。
2005 年 3 月	中国交易市场推出“关键词竞价”服务。
2007 年 3 月	中国交易市场推出客户品牌推广展位服务。
2007 年 4 月	在中国香港推出“中国供应商”会员服务。
2007 年 9 月	在中国市场推出黄金展位服务。
2007 年 10 月	与中国的几家主要银行合作为中小企业提供商业贷款。
2007 年 11 月	阿里巴巴成功于港交所主板上市。
2007 年 12 月	推出更新版阿里巴巴日本网站。
2008 年 3 月	阿里巴巴成为恒生综合指数及恒生流通指数成份股。
2008 年 4 月	中国交易市场推出“Winport 旺铺”服务，为中小企业提供企业建站，帮助中小企业迈开网上生意第一步。
2008 年 5 月	与软银在日本成立合资公司，经营阿里巴巴在日本市场的业务。
2008 年 6 月	“诚信通个人会员”服务正式上线，帮助企业发展中国国内贸易。
2008 年 8 月	中国交易市场推出“出口到中国(ETC)”服务，帮助国外中小企业出口到中国。
2008 年 11 月	国际交易市场推出新一代出口产品——“出口通”。
2009 年 3 月	在中国市场推出按效果付费关键词竞价系统“网销宝”。
2009 年 7 月	阿里软件与阿里巴巴集团研发院合并。
2009 年 8 月	阿里软件的业务管理软件分部注入阿里巴巴 B2B 公司。
2009 年 8 月	作为“大淘宝”战略的一部分，口碑网入驻淘宝。
2012 年	淘宝拆分为一淘、天猫和淘宝网三个独立实体，并把整体战略升级为“大阿里战略”。
2013 年 1 月	阿里巴巴集团在杭州宣布，现有业务架构和组织将进行相应调整，成立 25 个事业部，收购音乐网站虾米网。
2013 年 1 月	阿里巴巴旗下团购平台聚划算宣布，即将启动 C2B(消费者驱动)战略，推出全新定制产品平台“聚定制”。
2013 年 2 月	阿里巴巴集团的关联公司支付宝共调整为 4 个事业群，彭蕾负责 4 个事业群组成的整个金融业务。
2014 年 3 月 16 日	阿里巴巴集团宣布启动在美国的上市事宜。
2014 年 9 月 19 日	阿里巴巴集团正式在纽约股票交易所挂牌交易。
2014 年 10 月 16 日	阿里小微金融服务集团正式成立，并更名为浙江蚂蚁小微金融服务集团有限公司。

附录 5-2：2014 年阿里巴巴 IPO 招股说明书主要财务数据

指标名称	2013 财年(2012 Q2—2013 Q1)	2014 财年(2013 Q2—2014 Q1)
营业收入	345.17 亿 RMB	525.04 亿 RMB
营业成本	97.19 亿 RMB	133.69 亿 RMB
净利润	86.49 亿 RMB	234.03 亿 RMB
息税折旧及摊销前利润	166.07 亿 RMB	307.31 亿 RMB
经营性净现金流	144.76 亿 RMB	263.97 亿 RMB
投资活动净现金流	5.45 亿 RMB	−329.97 亿 RMB
筹资活动净现金流	−14.06 亿 RMB	93.64 亿 RMB
指标名称	**2013. 03. 31**	**2013. 12. 31**
现金余额	326.86 亿 RMB	436.32 亿 RMB
总资产	637.86 亿 RMB	1 115.49 亿 RMB
总负债	527.40 亿 RMB	707.31 亿 RMB
其中：长期负债	224.62 亿 RMB	307.11 亿 RMB
资产负债率	82.7%	63.4%

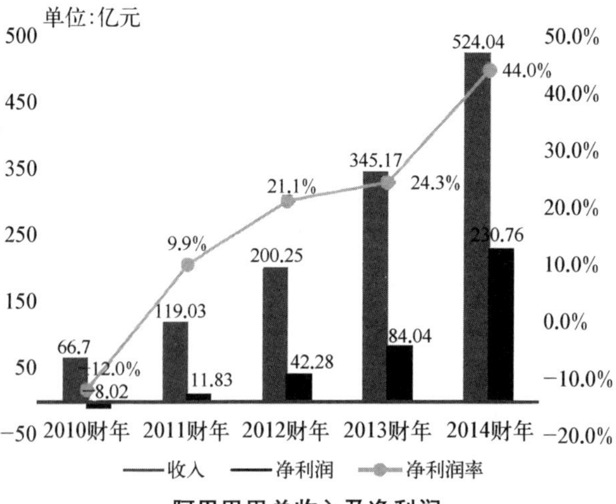

阿里巴巴总收入及净利润

资料来源：2014 年阿里巴巴集团 IPO 招股说明书。

附录 5-3：阿里金融发展的三个阶段

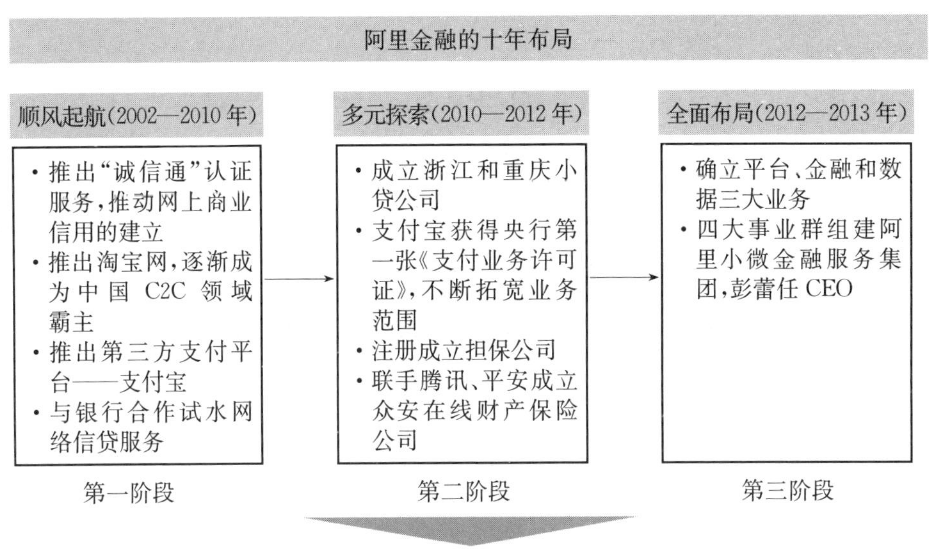

附录 5-4：阿里金融的业务结构

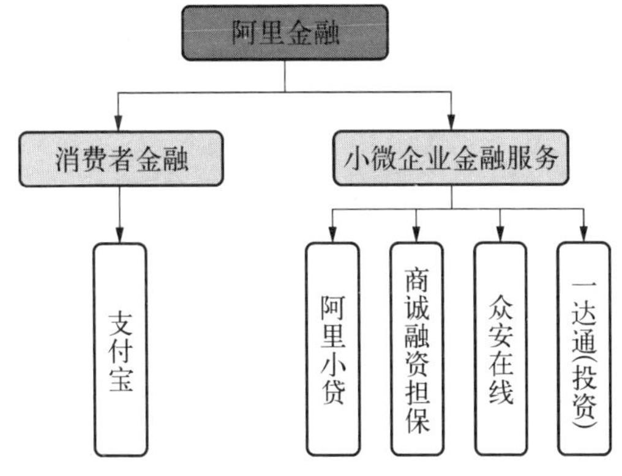

附录 5-5：阿里金融支付宝运作机制

支付宝是一个快捷安全的支付渠道，对银行来说是中间业

买家

商户

实时支付

到账通知

对账

银行

银行

对账文件投放

显示到账

到账通知

支付宝

T+1支付

T+1+1支付

银行托管账户

能否提供高品质甚至定制化的服务，是目前支付公司走差异化路线的一个主要竞争点

附录 5-6：阿里小贷业务结构

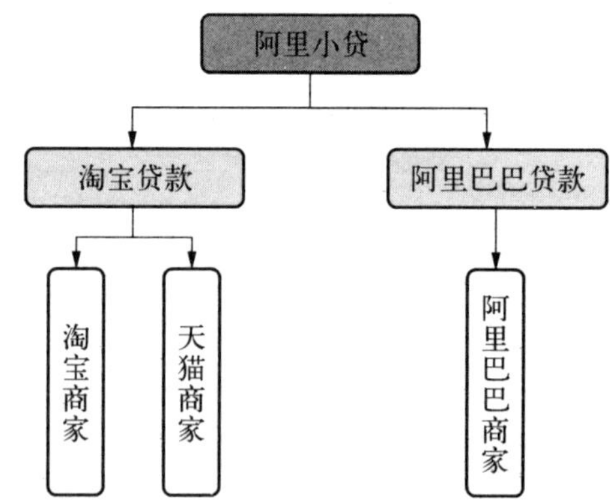

面向全国无地域限制　　江苏、浙江以及上海的免费和付费会员
广东的付费会员

附录 5-7：阿里巴巴贷款方式

类　型	阿里巴巴贷款	淘宝贷款	
		订单贷款	信用贷款
贷款额度	最高 300 万元	最高 100 万元	最高 100 万元
贷款期限	12 个月	60 天	最长 12 个月
计息方式	按月等额本息还款	按日计息	按日计息
贷款利率	最低 1.5%/月	0.05%/天	最低 0.05%/天
还款方式	每月还款日提前 5 天通知，支付宝自动扣款	系统自动还款	按月付息、到期还本；每月归还固定利息及本金
贷款流程	网上填写申请单>补充资料>审批通过后获贷	填写申请表>确认页面>申请成功（资金流入支付宝账号）	填写申请表>确认页面>申请成功（资金流入支付宝账号）
申请条件	・阿里巴巴中国站会员（曾经是阿里巴巴诚信通会员）或中国供应商会员，具有一定的操作记录；（获贷时需是诚信通或中国供应商会员） ・申请人为企业法定代表人或个体工商户负责人，年龄在 18～65 周岁，且是中国大陆居民； ・工商注册地在上海、浙江省、江苏省、广东省，且注册时间满 2 年。	・年满 18 岁，具有完全民事行为能力的淘宝卖家； ・淘宝店铺经营时间满 2 个月； ・诚实守信，店铺信用记录良好。	・年满 18 岁，具有完全民事行为能力的淘宝卖家； ・淘宝店铺经营时间满 6 个月； ・诚实守信，店铺信用记录良好。

附录 5－8：传统金融机构业务功能

金融机构是指专门从事货币信用活动的中介组织

功能

融资	定价	避险	渠道
迅速有效引导资金合理流动，提高资金配置效率	金融市场价格的波动和变化是经济活动的晴雨表	帮助实现风险管理、分散和风险转移	降低交易的搜寻成本和信息成本

渠道

正规银行　　影子银行

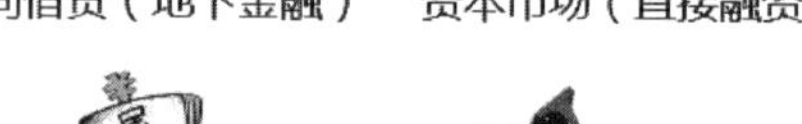

案例六
应势而变：高德地图的“自主导航”*

“从电子地图到汽车导航，再到移动互联网时代的位置服务，可以说，我所从事的行业一直处在技术创新和模式创新之中。”高德软件有限公司（以下简称“高德”）董事长兼总裁成从武如是说[①]。

高德是当今中国移动互联网的领跑者之一，因此一举一动都备受瞩目。

2014 年 4 月 11 日，纳斯达克上市公司高德软件（AutoNavi）宣布与阿里巴巴集团控股有限公司达成确定性的收购协议。阿里巴巴花费 15 亿美元全资收购高德软件，高德成为阿里巴巴 100% 子公司。根据收购协议，每股 ADS（美国存托股份）的收购价为 21 美元，较高德之前 30 和 60 个交易日量加权平均价的溢价分别是 38.5% 和 39.8%[②]。相比于 2012 年 12 月不足 10 美元的股价低谷，高德股东身价翻番。

投身互联网巨头阿里巴巴，是高德决策层一步步“自主导航”的结果。

从创业期干“脏活累活”积攒牌照和数据，到业务高速增长、海外上市，从同行业最早转型、布局移动互联网，到推广独立平台，乃至重压下启动“新思

---

* 本案例由中欧国际工商学院朱晓明教授、兼职案例研究员李杨和研究助理倪英子根据公开资料撰写。该案例目的是用来做课堂讨论的题材而非说明案例所述公司管理是否有效。

① 张妮：《高德董事长兼 CEO 成从武：导航业探讨新盈利模式》，《环球时报》，2013 年 12 月 2 日。

② 周洁：《高德软件与阿里集团正式达成并购协议》，《上海商报》，2014 年 4 月 14 日。

维”,转型中途卖身、投入“大生态系统”,发布“平台战略阿里版”……敏感的高德一直在捕捉行业变化趋势,努力创新与变革,在最合适的时点进行最优化响应。

高德是埋头苦干的“劳模”,也是机会主义者。高德的道路体现了创新企业“应势而变、自主导航”的一类路径选择。在新的变化与挑战面前,高德又如何在正确的时间进行正确的创新?

创业维艰:干“最脏最累的活”

高德的成立始于对汽车行业趋势的判断。

20 世纪 90 年代,离开中国科技财务公司信贷部的成从武关注着 GPS(全球卫星定位系统)应用、开放会给哪些产业带来机会。他从日本人那里看到了答案——具有 GPS 功能的汽车导航。

当时中国政府开始宣传“汽车业将成为中国经济支柱”,加上成从武又在德国发现一家汽车零配件公司的销售额竟达 40 亿马克,于是认为汽车配套产业未来一片光明,“什么玩意儿跟汽车沾上关系都能发展起来”。

在朦胧的判断下,先后担任过中国大通实业有限公司总裁、黄龙洞投资股份有限公司董事长的成从武于 1997 年左右投身车载导航领域。他在公司内部成立了相关业务部,请人负责研发工作。在 2002 年 8 月高德正式成立之前,车载导航业务共获得了数百万至一千万元的支持资金。

高德的创始团队相信直觉能够引向未来。但是成立高德之后,他们发现面临艰难险阻。

高德起初研发了电子地图技术。电子地图即数字地图,是指利用计算机技术,以数字方式存储和查阅的地图。直到开发出第一批电子地图却被日本汽车客户拒绝,高德的创业者们才明白:这个行业光能研发电子地图还不够，必须拥有国家认可的资质。此外，与日本、美国等国开放基础地图数据库不同，中国相关信息是机密，各地交通规则、道路属性信息均不统一，2009年交通运输部才开始统一国家高速公路网命名和编号。

“你有什么招儿?”成从武说，“你要想做成一件事，首先要从最脏最累的活干起。那就去全国各地扫街吧。”[①]

从此高德一直努力满足来自政府和市场的双重需求：积攒牌照和数据，“从最脏最累的活干起”，构筑行业壁垒。

2004年6月，高德公司获得了国家测绘局颁发的导航电子地图甲级测绘资质，成为全国第一家获得该资质的民营企业。2006年12月，高德获得测绘航空摄影甲级资质；2010年9月，高德获得国家测绘局颁发的互联网地图服务甲级测绘资质。

光有牌照还不能赢得市场。导航电子地图通过导航数据生产制作，高德决心大规模生产导航数据，自建地图数据库。

高德导航数据采集是通过被称为“扫街”的数据采集员进行的，就是让人把城市能走的道路都走遍。步采员每天要走8公里到10公里，到划定的片区寻找门面宽度超过5米的店铺、重要机构，一一记录、核实、更新店面的地理位置，并拍下其整体轮廓；车采司机每天要开100公里～300公里，副驾位上的同事扶着摄像机，一路口述路况信息，另一个同事核实口述内容，并在笔记本上标注道路信息。

在劳动力市场，高德通常打这样的招聘广告：“各城市各乡镇各农村招聘数据采集员(可兼职可全职工资日结算)。”[②]在北京，采集员月收入一般为3 000～4 000元，年龄普遍低于26岁[③]。

---

① 和阳：《成从武：其他人绕不开高德》，《创业家》2012年第12期。

② 参见百姓网、58同城、赶集网等招聘频道相关信息。

③ 和阳：《成从武：其他人绕不开高德》，《创业家》2012年第12期。

到2010年年中，高德地图已经拥有自主开发的综合性的全国数字地图数据库，已包括超过280万公里导航道路数据，以及全国范围内超过1 250万个可搜索、动态更新的兴趣点集合。高德地图数据库包括了写字楼、住宅楼宇及社区、餐厅、酒店、旅游景点、加油站、停车场等信息。高德地图还积累了在中国道路上超过364 000小时的视频记录和占地超过556 000平方千米的空中图像①。

十年间，高德数据采集城市从17个发达城市延伸至超过360个地级市和2 800个县②。

借助于牌照资源和电子地图数据的积累，汽车导航成为高德的核心业务。

2004年起，高德向上海大众提供导航电子地图。2005年高德与阿尔派、德尔福、爱信AW等签订供货合约，向宝马、奔驰、本田、上海通用、奥迪等车型提供导航电子地图③。

上市：隐形冠军登陆纳斯达克

从2007年到2009年，高德软件在汽车导航业务领域保持高速稳定增长，从2007年的2 149万美元增长至2009年的3 621万美元，年复合增长率达29.8%，且2007—2009年该项业务营收占总营收的比例分别为72.5%、64.8%、63.0%，在三大类营收(包括汽车导航系统、公共部门与企业应用程序、无线/互联网位置服务)中占主导地位④。

---

① 《高德软件招股说明书》(内部资料)。

② 《地图人生从京山"放牛倌"开始》，《楚天金报》，2013年5月16日。

③ 数据根据高德官方网站发展历史频道整理所得，http://www.autonavi.com/lmnr-42.html，最后浏览日期：2015年11月4日。

④ 《高德软件招股说明书》(内部资料)。

高德公司的核心资源是牌照和底层数据。稀缺的牌照资源与海量底层数据结合，帮助高德在汽车导航市场构筑竞争壁垒，就像成从武关注的德国汽车零配件企业那样，成为车载导航行业的隐形冠军。

高德地图为车载导航系统提供的数字地图数据安装于100多个车型，包括一汽大众、上海通用汽车、梅赛德斯-奔驰、广汽本田以及奥迪和宝马的车型。

与民企高德相对，四维图新是地图导航领域的“国家队”，公司营收结构与高德类似，车载导航市场一直是其营业收入的主要来源。2010年的四维图新研究报告写道：“风险提示：主要竞争对手高德软件发展超预期，挤压公司在前装车载市场和GPS手机市场的空间。”[①]

前装车载是指汽车厂商在整车出厂之前建于车内的嵌入式导航系统，后装车载是指汽车本身没带导航功能，出厂后改装加入了导航系统。前装车载在产品功能、稳定性、使用方便性以及与车本身的兼容性等方面较后装车载都有一定的优势（参见附录6-1：前装车载销量预测）[②]。

2009年中国车载前装导航市场图商呈现了双寡头的垄断竞争格局，高德及四维图新的市占率都很高，分别占到48.7%及46.8%，两者共同垄断市场95%以上的份额，为其他厂商进入树立了非常大的市场门槛（参见附录6-2：2009年车载前装导航图资市场厂商占比图）[③]。

2010年7月1日，高德地图在美国纳斯达克全球精选市场成功上市，共计发行862万股ADS，IPO价格为每股12.50美元，融资额超过1亿美元，成为国内地图软件商海外上市第一股。此时的高德定位于中国“领先的数字地

---

① 王鹏、崔莹：《四维图新：成长确定爆发可期》（2010年9月13日），全景网，http://www.p5w.net/stock/lzft/gsyj/201009/t3196050.htm，最后浏览日期：2015年10月26日。

② 《2009年中国车载前装市场年度专题报告》，易观国际（Analysys International）Enfodesk产业数据库。

③ 同上。

图内容导航和位置服务解决方案”。

面对“国家队”的竞争，成从武表示高德公司IPO所募集的资金将会用于扩大数据处理设备和修建研发中心，同时公司将对位置服务市场进行并购和投资，以增强综合实力和可持续发展的能力①。

高德上市以来，汽车导航营收比重相对稳定(参见附录6-3：2011Q1—2013Q3高德软件各业务营业比例情况)。原因是，汽车前端类业务收入与汽车厂商签署长期合约，甚至可以预期未来三年甚至更远的营收，未来收入的可预期性很高。

高德的主要竞争对手四维图新于2010年5月在深交所上市。前述四维图研究报告称“随着公司(四维图新)A股上市以及高德软件登陆纳斯达克，两者在前装车载导航地图市场的优势将进一步强化，该市场双寡头垄断局面将长期维持”②。

如果没有移动互联网兴起，高德很可能凭借核心能力，与四维图新在汽车导航这个细分市场继续精耕细作、并驾齐驱。

转型：拥抱移动互联网大势

就在2010年上市之后，高德CEO成从武敏锐地感到，移动互联网正在全球掀起波澜。

> 2010年上市以后，一个大的趋势就是：移动互联网的风潮已经在全球开始起来。我们是做地图导航、地图产品，这种业务本身跟移动端有

① 黄顺芳：《高德软件总裁成从武：加大研发投入积极实施并购》(2010年8月31日)，中国软件资讯网，http://news.imeigu.com/a/1283237080833.html，最后浏览日期：2015年10月26日。

② 王鹏、崔莹：《四维图新：成长确定爆发可期》(2010年9月13日)，全景网，http://www.p5w.net/stock/lzft/gsyj/201009/t3196050.htm，最后浏览日期：2015年10月26日。

天然的联系，要有移动必须就要有定位、导航的基本需求，所以我们看到这样一个大的趋势，迅速地做这个决定，就是说未来更有想象空间、更有发展前途的是在移动端。所以在 2010 年，我提出来要建立位置服务门户。

……未来移动互联网也是做汽车业务的制高点，做好移动互联网才能够把我们的传统业务巩固住，才能够把未来的机会抓住。这也是我当时的一个判断[①]。

成从武的判断是：“做地图位置服务这个巨大的生意，汽车只是冰山一角。位置服务要面向用户，从用户规模看，（中国）汽车每年 2 000 万的产量，前端导航的装配率不到 8%，而手机 App 的用户动辄千万级，这是更大的市场。”[②]

上市后的第一个困难决策就是转型移动互联网。在“衣食无忧”的情况下，管理层表现出了深切的洞察力与危机感。

管理层认定转型势在必行的同时，高德分散的股权结构也有利于推动变革。

IPO 之后，高德管理层持股 52.2%，原高德董事长侯军与 CEO 成从武分别是第一、第二大股东，管理层绝对控股公司（参见附录 6-4：高德管理层 IPO 阶段股权结构）。

成从武致力于打造“移动生活位置服务门户”的潜台词是，地图是移动互联网的基础核心战略，公司必须在移动互联网抢先布局，“自我颠覆、自我革命”。

---

① 新浪科技：《高德 CEO 成从武：移动应用需要占住战略位置》（2014 年 5 月 5 日），新浪网，http://tech.sina.com.cn/i/2014-05-05/16139359437.shtml，最后浏览日期：2015 年 10 月 26 日。

② 王伟：《高德如何导航自己的前途》（2012 年 10 月 23 日），钛媒体，http://www.tmtpost.com/498039.html，最后浏览日期：2015 年 10 月 26 日。

离开了位置，就没有移动互联网的应用。……高德在2010年提出移动互联网发展战略，可能那时候提得有点早。由于我们从事这个行业“春江水暖鸭先知”，我们已经感觉到那个大潮的到来。……高德地图是这个行业的先行者、实践者、推动者，也有信心成为未来位置服务产业的引领者，成为未来的领袖企业[①]。

拥抱变化、新趋势，意味着重新界定高德的核心能力、核心资源。高德在地图、汽车导航行业积累了十年，数据优势十分明显。海量底层数据为竞争对手设置了重大障碍。作为一个数据公司，高德在几个方面追求海量级数据指标：地图总用户数保持在亿万级、数亿规模；日活跃用户达到千万级；搜索请求达到亿万次；地图展示次数达到10亿级以上的规模。管理层认为，公司的发展建立在数据的量级增长上，才有战略意义[②]。

高德公司原有的拳头产品是用在汽车、手机上的高德导航。为了响应移动互联网需求，2011年年初高德率先在国内推出了免费的在线地图导航手机应用——“高德地图”，基于移动生活的位置服务（LBS）提供动态的商务、互动信息[③]。高德地图拉开了主动拥抱移动互联网蓝海的序幕。

传统数据并非可以全盘照搬。在移动互联网上需要给用户详细标出目标地点周边几乎一切公开服务信息。这就意味着地图数据需要补充采集，工作量不小。比如说，过去以车载导航业务为重心时，汽车公司对地图数据的更新要求可能一年更新一次地图数据就可以了，到了移动互联网时代，高德需要一年更新四次地图数据[④]。

---

① 腾讯科技：《高德成从武：位置是移动互联网的基础资源》（2012年9月13日），腾讯网，http://tech.qq.com/a/20120913/000104.htm，最后浏览日期：2015年10月26日。

② 肖遥、罗维秋：《潜入移动地图腹地：对话成从武》，《IT时代周刊》2013年第7期。

③ 腾讯科技：《高德成从武：位置是移动互联网的基础资源》（2012年9月13日），腾讯网，http://tech.qq.com/a/20120913/000104.htm，最后浏览日期：2015年10月26日。

④ 和阳：《成从武：其他人绕不开高德》，《创业家》2012年第12期。

成从武等高德管理层认为，在位置服务领域，历年积累的数据是核心能力，基于数据的技术服务包括定位、导航、搜索、渲染等则显示了差异化服务能力。基于传统优势，高德决定转型后在互联网移动端抢占了先机，逐渐体现出“未来移动互联网入口”的地位[①]。

当高德把业务重心从车载导航转向移动市场时，曾遭遇内部的反对声、投资市场的压力。面对不理解的声音，管理层在转型之初也有过迷茫的感觉，不知道公司要走到什么方向去。作为上市公司，如果不是下定决心，很容易被反对声音淹没，坚持不下来[②]。

面对质疑的声音，高德 CEO 成从武反复在内部强调：“无论是公众公司还是私人公司，你必须让公司能够取得长远的战略价值。公司没有长远的战略价值，无论是资本市场还是战略投资人，还是说未来的收购，大家可能都不看好你。高德能够做出长远的战略价值，总有人来跟你合作，资本市场总有人看好。”[③]

高德管理层力排众议，推动高德走上转型、变革的道路。具体而言，高德制定了以“移动生活位置服务门户”为目标，拓展 B2C 业务的决策。开放平台向第三方合作伙伴、第三方应用提供高德的接口，提供基于位置方面的技术、人力和服务。

对于一个有稳定业务和营收的专业领域上市公司来说，从 B2B 走向 B2C 有点两手互搏、“自废武功”的味道，因为绕开了四维图新这样的老对手，目标市场、业务模式全都改变了。好在变革者的运气还算不错。高德上市的 2010 年是中国汽车业产销量多年保持 30%以上增速的最后一年。2011 年这个数字不足 5%，2012 年不足 10%。考虑到汽车导航业务占营收比例一

① 新浪科技：《高德 CEO 成从武：移动应用需要占住战略位置》(2014 年 5 月 5 日)，新浪网，http://tech.sina.com.cn/i/2014-05-05/16139359437.shtml，最后浏览日期：2015 年 10 月 26 日。

② 同上。

③ 同上。

度超过70%，高德的主营业务已经出现了天花板[①]。B2B市场增长乏力，相当于降低了战略转型的机会成本。用成从武的话说，“与其坐吃等死，不如搏一把”[②]。

自建平台：“全产业链布局”

导航服务正在从“行”到“吃穿住行和吃喝玩乐”，网民使用习惯正在变化。中国互联网络信息中心(CNNIC)数据显示，2012年中国手机地图用户，使用路线导航和地点查找比例分别为62.7%和45.3%，使用周边生活信息等热点查询比例为29.2%，签到或位置信息分享比例为10.4%。

O2O正在成为电商领域的新趋势。O2O是指将线下的商务机会与互联网结合，让互联网成为线下交易的前台。移动互联网与O2O模式关系密切。

高德副总裁郄建军认为，地图是整合各类O2O服务的最佳入口。按照“线上线下模式成熟度”和“投入产出比”归纳了26个行业的图表显示，酒店、航空、票务、旅游度假、买房和租车用车等领域已经足够成熟并且投入产出比很高，是高德重点关注的领域[③]。

高德的开放平台战略基于核心能力、差异化服务。地图和位置服务构建于海量数据基础之上，中小型企业及多数开发者不可能构建自己的地图和位置服务。高德帮助开发者开发相关服务，还可用于企业的分销与推广[④]。

高德的策略是：通过开放合作自建平台，整合各类创新型企业的资源，

---

① 和阳：《成从武：其他人绕不开高德》，《创业家》2012年第12期。

② 同上。

③ 张楠：《高德的淘宝梦：让商家在地图上交易》(2013年11月25日)，新浪网，http://tech.sina.com.cn/i/2013-01-25/02118013476,shtml，最后浏览日期：2015年10月26日。

④ 陈秋歌：《高德地图开放平台产品总监房芳：地图平台的开放实践》(2013年8月30日)，中国软件开发者网(CSDN)，http://www.csdn.net/artide/2013-08-29/2816758，最后浏览日期：2015年10月26日。

营造位置服务"生态系统"。

自建平台是高德管理层的第二个困难决策。独立平台对企业资源的要求极高。没过多久，这个决策就显示出高投入、高风险的真面目。

全力推广高德开放平台的结果是，包括微博等众多互联网应用，其位置信息服务的背后都由高德在做技术支持。高德的"位置服务门户"概念逐步成为业界共识，高德凝聚开放平台的力量也来自全产业链布局(参见附录6-5：O2O分行业图谱)。

但是，战略转型意味着财务压力。高德是上市公司，公司向非主营业务投入巨大的资源，必然影响营收、利润，带来资本市场投资人的反应。虽然前途未卜的变革动了大家的奶酪、移动端大笔投入带来营收的压力，成从武坚持认为：

> PC端商业模式一目了然，但移动端上大家可能觉得是非常困难的事情。我的判断就是，任何一个移动端应用都必须寄生于一个大的生态体系，在里面占有你的位置。我们应该为用户带去价值，能够在移动互联网的时代在整个产业体系里面占住一个足够的位置，未来才有商业模式可言。这是我的基本理念①。

高德管理层最终咬牙坚持、顶住了压力，推动公司从一家传统的地图、导航服务厂商向移动互联网公司转型，在位置服务领域合纵连横，基于开放平台战略尝试"全产业链布局"(参见附录6-6：移动地图和导航市场产业链)。

高德管理层坚持投资于免费服务的判断是：移动应用必须占住位置之后才有盈利的可能。先有用户价值才有商业价值。移动互联网的方式不同于"有收入才干"的传统B2B模式。把服务做到位，盈利是迟早的事。占据

① 新浪科技：《高德CEO成从武：移动应用需要占住战略位置》(2014年5月5日)，新浪网，http://tech.sina.com.cn/i/2014-05-05/16139359437.shtml，最后浏览日期：2015年10月26日。

了入口,“卡位”本身就有巨大的价值。

高德的转型还有一个充满个性的支持者。高德董事会独立董事、奇虎360董事长周鸿祎根据360安全卫士的经验支持高德转型:“这意味着高德从一个传统的软件厂商,真正成为一家有互联网精神与基因的互联网厂商。”[①]

经过2011年、2012年的努力,高德与三星、联想、摩托罗拉、HTC、中兴、华为等手机厂家达成合作,通过厂家预装,让高德手机地图客户端占据了最大的市场份额。

2013年1月14日,高德发布了“高德(手机)地图用户过亿”的消息。在中国移动互联网,用户过亿的公司当时只有六家,另五家是腾讯、阿里巴巴、奇虎360、新浪、优视科技(UC浏览器)。这是高德开放平台战略执行的里程碑。截至2014年5月,高德的移动客户端下载达到3亿。

就在高德埋头在位置服务领域进行全产业链布局的同时,移动互联网的大势强烈刺激了中国互联网三巨头百度、阿里巴巴、腾讯,他们都看到产业布局中位置服务的重要性。在拓展开放平台的路途中,高德被腾讯、百度一路追赶。

被逼出来的“新思维”

数据显示,手机地图累计用户达7.5亿,2013年第3季度,高德地图、百度地图分别占比31.3%(含iOS苹果地图6.1%)和26.6%,紧随其后的是搜狗[②]、图吧、谷歌等[③]。2013年第3季度,高德导航以32.6%的比例占据手机

① 《周鸿祎:高德从软件厂商成为互联网厂商》(2013年8月30日),新华网,http://news.xinhuanet.com/info/2013-08-30/c_132677220.htm,最后浏览日期:2015年10月26日。

② 腾讯旗下除了腾讯地图外,还有搜狗旗下的搜狗地图。2013年9月16日,腾讯向搜狗注资4.48亿美元,获得搜狗摊薄后36.5%的股份。

③ 易观智库:《2013年第2季度中国网上银行市场行业数据库》(2013年7月13日),易观网,http://data.eguan.cn/qitashuju_170458.html,最后浏览日期:2015年11月4日。

导航客户端市场份额第一位。"高德导航"手机应用原本促销价 50 元，2013 年 8 月 28 日，在百度导航宣布免费的第二天宣布免费，此举被称为"高德公司自我革命将手机导航应用带入免费时代"[①]。

免费大战促进了离线导航 APP 增长，也使得手机导航呈现类似地图市场的寡头游戏：行业壁垒限制了后进入者，市场领先者保持稳定，新晋竞争者百度导航迅速跻身第四位。

虽然没有爆发类似腾讯、阿里两派打车软件的补贴大战，免费大战仍然是一场烧钱游戏。百度导航宣布免费之际，出台了"向用户退费"的激进政策，高德没有跟进。与手握近 400 亿元人民币现金（据 2013 年财报）的百度长期打消耗战，高德能否坚持到底？

虽然有高管宣称"将把高德地图打造成一个类似淘宝的商业平台"[②]，高德管理层实际上对开放平台战略已经有了新的认识。自力更生可能会贻误战机，甚至被巨头拖垮。成从武这样表述平台战略的"新思维"：

> 移动互联网任何一个独立的应用和服务必须寄生在大的生态体系里面，没有一家能够彻底做到。高德在位置服务领域已经是全产业链布局了，但移动互联网是大生态、小生态环环相扣、彼此渗透。虽然充满变化、充满机会，但我认为还是巨人的游戏，高德必须在巨头的大生态里做出选择[③]。

在转型移动互联网的过程中，高德来自各项 B2B 业务的营收虽然并未整体减少，但研发费用、市场销售费用及管理费用大幅上扬，尤其是研发和销

① 王国信、程海洋、陶妍妍：《"高德导航"开启手机应用免费时代》，《国际金融报》，2013 年 9 月 6 日。

② 张楠：《高德的淘宝梦：让商家在地图上交易》（2013 年 11 月 25 日），新浪网，http://tech.sina.com.cn/i/2013-01-25/02118013476,shtml，最后浏览日期：2015 年 10 月 26 日。

③ 新浪科技：《高德 CEO 成从武：移动应用需要占住战略位置》（2014 年 5 月 5 日），新浪网，http://tech.sina.com.cn/i/2014-05-05/16139359437.shtml，最后浏览日期：2015 年 10 月 26 日。

售费用。结果是利润大幅下降。"站队"已经势在必行。

根据截至2013年9月30日的2013财年第三季度财报，高德的当季总营收为3770万美元，净亏损为670万美元，上年同期则是净利润1010万美元，第二财季净利润380万美元(参见附录6-7：2011Q1—2013Q3高德软件利润变化情况)。

从财务角度，高德的转型步履维艰。来自股东的压力明摆着。回顾"全产业链布局"，成从武认为，"大家公认地图未来的商业前景是在O2O，要实现商业变现必须有好的商业系统"[①]。言下之意，长期自力更生、自负盈亏的高德很难坚持下去，要给中国互联网三巨头递"投名状"了。不是竞争对手百度，那就是阿里或腾讯。

投身"阿里大家庭"

为何最终接受阿里的收购要约？成从武认为高德与阿里的"互补"很重要：阿里巴巴本身有上千万级的商户资源，还有支付体系，这是移动端商业化必须要具备的核心资源。阿里巴巴加上高德地图这个入口，未来会有巨大的想象空间，所以我们自然地接受这样一个安排[②]。

地图服务缺乏商业化出口是共性问题。根据百度财报披露，其移动收入主要来自移动搜索、91无线的分发收入和爱奇艺，对地图业务带来的收入只字未提。

在困境中，高德管理层的第三个艰难决定是"卖身"。虽说落袋为安，激励弱化、丧失独立性的风险还是一目了然。

---

① 新浪科技：《高德CEO成从武：移动应用需要占住战略位置》(2014年5月5日)，新浪网，http://tech.sina.com.cn/i/2014-05-05/16139359437.shtml，最后浏览日期：2015年10月26日。

② 同上。

中国互联网存在特有的寡头竞争格局。如此局面既从竞争上加大了高德的转型压力，也从资本和资源整合方面给高德带来了机会。高德由于在地图领域积累了十几年，已经有完善的布局，战略地位、长远价值也逐步凸显出来。

高德原本是个股权不集中的公司，没有说一不二的大股东。根据高德向美国证券交易委员会(SEC)提交的年报文件，截至 2012 年 12 月 31 日，高德两大股东分别为公司董事长侯军和 CEO 成从武，持股比例分别为 16.7%和 11%。

2013 年 5 月，阿里巴巴以 2.94 亿美元收购高德软件公司约 28%的股份。当时高德估值为 10.5 亿美元。阿里的股份刚好超过高德董事长侯军与 CEO 成从武之和。

2014 年 2 月 10 日，阿里巴巴公布，拟以每股美国存托股票 21 美元现金收购高德公司(AutoNavi)股票。这笔规模估算约 10.45 亿美元的交易完成后，高德成为阿里巴巴 100%子公司，融入阿里巴巴生态体系。相隔短短九个月，阿里对高德的估值达到 14.5 亿美元。

阿里巴巴先后共花了 13.39 亿美元，得到了高德的 2.53 亿手机用户，30 万开发者，地图数据库、成熟的测绘队伍、完整的地图技术团队，以及与汽车厂商的紧密关系[1]。包括成从武在内的高德原有股东全部实现退出。

并购之后，阿里集团电商数据库与高德地图数据库面临整合，阿里的商户关系、云计算、支付能力将试图结合高德的定位、导航、地图搜索等能力。依托与阿里巴巴共同搭建的大数据生产融合体系，2014 年 4 月发布的新版高德地图就已与支付宝实现整合，拥有覆盖餐饮、酒店、娱乐、房产等各行各业丰富的生活服务类信息，试图成为连接众多用户、商户、开发者的生活服务入口[2]。

---

① 董涛：《高德地图效应》，《商界评论》2014 年第 4 期。

② 凤凰科技：《高德地图推出离线导航欲转型生活服务“入口”》(2014 年 4 月 11 日)，凤凰网，http://tech.ifeng.com/mi/detail_2014_04/11/35704233_0.shtml，最后浏览日期：2015 年 10 月 26 日。

从转型移动互联网到自建平台，与巨头激战后卖身巨头……高德的发展体现了一个悖论：高德是一个“好学生”，在每一个关键的时刻都做出了积极反应，“看不见的手”却宿命般地推动企业走上了卖身之路。

平台战略“阿里版”

高德敏感发现、积极拥抱变化趋势，从导航服务市场出发，通过一系列转型决策，抢跑移动互联网，使得高德地图在巨大竞争压力下投身蓝海、别开生面，迎来了资本市场的青睐和独特的发展机遇。

虽然前景被业界看好，整合仍需要做大量“功课”。在高德地图被阿里入股的前九个月，即使得到阿里商家数据以及支付平台资源的投入，高德的市场份额并没有反映出相应的增长，而其最大的竞争对手百度地图的市场份额却从24.4%稳步增长到26.6%[①]。

与高德缠斗多年的四维图新仍坚守汽车导航市场，但在移动互联网大势面前也是“天生丽质难自弃”，于2014年5月宣布接受腾讯以11.73亿元投资持股11.28%、成为第二大股东[②]。至此，百度、阿里高德、腾讯(四维图新)三方在导航/地图/位置服务领域短兵相接。

并入阿里巴巴之后，高德的业务将沿两个业务线发展：一是车联网业务线，即与车企合作，提供基于位置信息的互动服务，属于B2B业务；二就是高德地图、高德导航等B2C业务[③]。

高德地图起家于车载导航，加大对移动互联网的投入并不意味着不重视

---

① 太保乱谈：《阿里收购高德后还有这五道坎要过》(2014年2月12日)，搜狐网，http://it.sohu.com/20140221/n394833123.shtml，最后浏览日期：2015年10月26日。

② 雷建平：《腾讯注资四维地图市场划分成两大阵营》(2014年5月6日)，腾讯网，http://tech.qq.com/a/20140506/008496.htm，最后浏览日期：2015年10月26日。

③ 向密：《高德震荡后谋变：俞永福全面掌舵回归地图业务》(2014年9月24日)，DoNews，http://www.donews.com/net/201409/2846289.shtm，最后浏览日期：2015年10月26日。

汽车行业市场。艾媒咨询2014年发布的研究报告显示，高德与四维图新在车载前装导航市场中的品牌认可度分别为92.1%和75.3%。

车联网正在成为整合传统产业链的新商机，高德有条件“杀一个回马枪”。与之相应，汽车行业也出现了越来越多重视车联网商机的厂商。观致汽车就是一例。观致的车联网平台提供超过30个创新服务，可接收高德、新浪微博等信息，用户可以通过车载触控屏发微博、签到、导航、管理车况、预订餐馆[①]。

相比手机地图，车联网尚属蓝海。当前玩家包括互联网巨头、云平台厂商、汽车厂商、通讯运营商、汽车导航/O2O服务商等。这仍是一场巨人游戏，此时高德地图的“母体”价值可以充分体现：高德作为内容整合商可以帮助汽车厂商引进各种内容资源，同时有望打通运营服务的闭环，既完成导航流程，也能结合交易工具实现支付环节[②]。在被阿里巴巴收购后，这部分内容的想象空间很大。

高德的移动互联网蓝图已经由新的掌门人发布。2014年6月，阿里巴巴收购UC优视全部股权，组建阿里巴巴UC移动事业群，UC董事长俞永福担任事业群总裁。据估算，UC估值高达50亿美元。新成立的移动事业群整合了LBS业务，即原高德公司的B2C业务。

投身阿里大家庭之后，生存压力缓解，高德的机会主义色彩有所淡化。有了阿里巴巴的支撑，转型期的高德不必再急于赚钱。2014年9月，俞永福宣布：新高德未来将专注用户需求，专注做地图导航产品和导航产品的技术研发，未来三年无商业化目标。“现在是做产品梦寐以求的状态，只考虑花钱，只考虑用户，不考虑挣钱。私有化以后，高德互联网业务团队变得比以前

---

① 《观致汽车打造领先的车载信息娱乐系统》(2013年5月23日)，汽车点评网，http://news.xgo.com.cn/54/545452.html，最后浏览日期：2015年10月26日。

② 张凯：《高德的车载导航大时代》(2014年4月24日)，3sNews，http://news.3snews.net/2014/0424/29936.html，最后浏览日期：2015年10月26日。

轻松了。”[①]

直观的变化是，高德的产品开始做减法，去掉过早商业化的功能，不做团购导航等影响用户体验的产品，力求品牌纯化。

相比原先的自建平台，俞永福宣布的新平台战略颇具“阿里风格”：“我们希望与开发者建立的关系是各司其职、互利共赢——高德提供专业的 LBS 能力，开发者专注应用服务创新，以高德开发者平台（AMAPInside）形式建立起良性的 LBS 生态系统。”

俞永福正在深化“要 LBS 不要 O2O”的战略。业界认为，高德现阶段弱化 O2O 是明智的，用地图产品发展 O2O 还未成熟。等到把基础的 LBS 服务做透了，带动 O2O 消费是水到渠成的事情。

整合已有头绪，挑战依然层出不穷：怎样协调阿里集团各单元的利益冲突？如何保持对商业趋势的敏锐洞察？能否发挥高德各团队的积极性？……

转型移动互联网、创建平台服务、投身大生态系统……高德还能踩准下一个创新与变革的鼓点吗？

变化马不停蹄。创新与变革是一场马拉松。

---

① 赵陈婷：《俞永福：高德要从软件公司迭代为互联网公司》，《第一财经日报》，2014 年 9 月 24 日。

点评 1

创业维艰：高德成长中的创新与艰难抉择

俞秀宝*

这是一个关于创业和创新的极好案例。案例以时间顺序方式，向读者清晰地展现了高德地图在中国经济发展大背景下创业和创新的全过程，介绍了全过程中公司董事长成从武和他的团队进行的创新以及关乎公司命运的各种艰难抉择。

案例共分七个部分向我们展示了高德公司的成长和变迁。第一部分（创业维艰：干“最脏最累的活”）介绍了高德初创期成从武对创业机会的把握，以及为了掌握导航的基本数据而进行的“扫街”式的底层数据的采集。第二部分（上市：隐形冠军登陆纳斯达克）向我们呈现了公司在中国经济高速发展时期，尤其是汽车行业发展高峰期，高德的业务增长情况以及公司在美国纳斯达克上市后业务情况。第三部分（转型：拥抱移动互联网大势）是在移动互联网大环境下，公司进行业务转型（进入手机移动互联网）的艰难抉择。第四部分（自建平台：“全产业链布局”）是公司业务向百姓日常生活的进一步扩展。第五（被逼出来的“新思维”）至第七部分（投身“阿里大家庭”；平台战略“阿里版”）向我们栩栩如生地呈现了公司在行业临近成熟期面临的白热化的竞争，以及高德高管层做出的抉择。

案例向我们展示了以下几个重要的信息要点。

第一，产品和业务模式创新的重要性。创新是高德生存和发展的基础，公司最初开发了“电子地图导航”产品，为车载导航系统提供数据。2010 年，公司进行了移动互联网产品的研发，向市场推出了“在线地图导航手机应用

* 俞秀宝，澳大利亚昆士兰大学博士，同济大学经济与管理学院副教授，DBA 项目主任。

服务”，之后又推出了方便网民生活的“位置服务门户”。这些产品和服务模式的，凝聚着公司大量的研发投入和人力投入，为公司在行业竞争中取胜立下了功劳。

第二，创业初期需要创建公司自己的竞争优势。波特的竞争优势理论指出，任何一个在市场中竞争的企业需要创建与竞争者不同的竞争优势，以使自己在竞争中生存下来。高德的全中国最丰富的地图底层数据，不仅成为公司珍贵的资源优势，同时为客户提供高品质的服务提供了保障，为公司 2010 年之后走向市场打下了扎实的基础。

第三，创新创业机会的识别及决策的把握。案例丰富地展示了在我国经济发展历程中，以及高德创始人成从武在不同阶段进行的各种重要抉择：(1) 2000 年年初当中国政府提出“汽车业将称为中国经济支柱”时，成从武从中看到了机会，并果断决策进行创业；(2) 2007—2009 年是高德业务高速成长期，公司在 2010 年 7 月果断进入纳斯达克上市，IPO 为企业的后续发展奠定了资金基础；(3) 在移动互联网大潮下，公司在 2011 年推出免费手机导航业务；(4)随着移动互联网的进一步发展，公司进行了“全产业链布局”，业务涉及百姓的日常生活。关乎企业命运的决策一般都没有百分百的把握，案例为此详细介绍了这些决策的时机以及高管层面临抉择时的艰难，为我们展示了活生生的素材。

第四，创业是艰苦的。案例在第一部分中，详细地向我们介绍了高德初创时期，没有系统地图数据情况下进行的最脏最累的“扫街”活动，这个活动看似另类、充满了体力劳动，却是高德获取竞争优势的一个重要途径。

点评 2

红海蓝海间的转换，高德从赚钱工具蜕变为找钱工具

李　源*

高德的案例是一个典型的创新求变而又苦苦挣扎的企业和商业模式蜕变的过程。

高德起步时，非常精准地看到了电子地图市场和汽车导航市场。在当时，这在国内是稀缺产品。高德扎实的“扫街”工作为其获得了扎实的数据资源，在导航从无到有从 0 到 1 的过程中为高德迈出了领先于他人的坚实一步。毋庸置疑，在从 0 到 1 的过程中，不论是 B2B 层面还是最终的汽车导航个人用户，客户获得的价值是颠覆性的、前所未有的。那么在此时，这个市场是绝对的蓝海。这个时候，甚至可以忽略在蓝海战略中经常用到的价值曲线，因为高德所有的东西，不论是客户的体验还是繁重的扫街工作都是前所未有的，而这却激发了用户的需求，实现了从人们手捧地图边走边找到在一个声音引导下行走的转变。并且，高德也精准地定位了首要客户，即汽车前装导航市场。虽然四维并驾齐驱，那个时候市场仍然足够大，每个寡头都有足够的市场空间赚取丰厚的利润。并且，在当时，测绘牌照是个稀缺资源，“扫街”又是个大投入的活，两个行业壁垒高高竖起，其他市场新进者几乎无法逾越。

而在接下来的时间里，市场情况就复杂了。难能可贵的是，成从武敏锐地看到了移动互联网带来的机遇。正如成从武所述：离开了位置，就没有移动互联网的应用。而后，高德基于已经拥有的数据优势、导航、搜索能够提供的差异化服务，的确把自己变成了“移动互联网的接入口”，一片蓝海形成。

---

* 李源，中欧国际工商学院 EMBA2011 级学员，德尔福电子安全亚太业务总监。

如果画一条价值曲线示意图，结论如下。

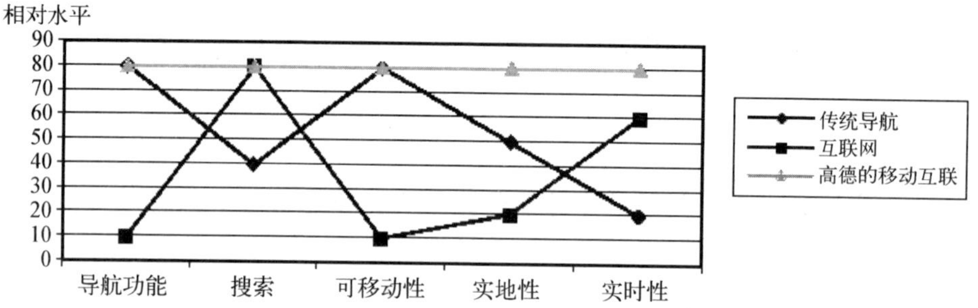

- 一条明显区别于传统导航和互联网的价值曲线形成。
- 在每个关键指标上都明显好于或至少不低于传统导航或互联网。
- 明显的跨界产品，找到市场空间。
- 蓝海形成！

另外，新进者的壁垒仍然高筑，即数据基础、为维护数据领先优势的投入和已有的客户基础。乍一看，这的确是个蓝海。然而，这却是个伪结论，高德遇到了众多创业创新公司所遭遇的共同难题，创业容易守业难，蓝海瞬间变红海。

这又如何说起，明明壁垒高筑，差异化明显，又怎么能变成红海呢？让我们换个角度。通常我们都分析潜在市场进入者，这次我们来看一下高德动了谁的蛋糕。尽管高德想要进入的是移动互联网，但其实这仍在互联网这个大概念内，移动只是手段，商业模式没有形成脱胎换骨的差异。可想而知，高德的跨界动了互联网寡头BAT（百度、阿里巴巴和腾讯）的蛋糕。而在这些寡头面前，所谓的壁垒充其量只是丢在地上的几块砖头，抬脚可越。这也就说明了百度如何快速进入并且短期内即坐到市场第四的位置上。其实不是高德开拓了蓝海，而是跳进了寡头的红海。从案例中我们也可以看出，不论是高德不同时期提出的O2O，还是LBS，都进入了以大投入为基础的竞争，却无法获得足够的收入形成利润（附录6-7）。

梦想很丰满，现实很骨感。好在高德的梦想的确丰满，有其诱人之处，卖身巨头时也卖得一个好身价。如果高德的董事长和CEO起初就是以卖掉公司为目标的，那么他们很成功，案例中的数据在此不再赘述。其实，从成从武关于战略的论述（“无论是公众公司还是私人公司，你必须让公司能够取得长远的战略价值。公司没有长远的战略价值，无论是资本市场还是战略投资人，还是说未来的收购，大家可能都不看好你。高德能够做出长远的战略价值，总有人来跟你合作，资本市场总有人看好。”）中，就已经隐隐看出“圈钱”的动机大于“赚钱”。

做一点延伸，高德进入移动互联网，很像我所在的汽车行业中的现象。比如，某个创业者说：要生产一种新材料的零件，它比现有材料结识、便宜、轻，最好的是没有其他任何企业在用它做零件，市场潜力巨大，每年上千万辆车都会因为用它而受益。我们开创了蓝海，有先发优势……然而，这事实上是在动汽车零部件巨头的蛋糕，新材料零件会蚕食传统材料零件市场，巨头会反击，而且他们动用汽车行业专业的研发资源、采购议价能力、业内业务关系和规模生产效益可以瞬间把创业者击垮，把所谓蓝海染成只有寡头能够生存的红色。那么对于创业者来说，能卖个好身价已经是极好的归宿了。

对于被阿里收购后的高德，高举用户体验大旗，不再担忧赚钱。显然，这不再是一个纯粹的商业行为，而是更大的商业运作大棋中的一枚棋子。如同在被收购前，高德已经具备了吸纳客户、收集数据、推送服务的强大能力，被收购后，其能力被整合于阿里的大棋之中。那么，就高德而言，赚钱不再是目标，或者说不是直接目标，它在商业运作中的作用也发生了改变。它不再是收入利润的直接产生点，然而，它通过与位置结合的服务，不论是现阶段的LBS还是未来可能转变成的O2O，高德成为吸纳用户的入口、用户数据的收集点（之一）、阿里服务的推送出口，成为阿里的金矿探测器。更可以说，高德成为阿里的超越传统意义的营销工具。相比传统的B2C的营销，如广告和促销等,高德的方式为阿里提供了定位更加准确、与阿里体系整合更加完善、影响更直接的实时实地营销。

归纳一下,高德进入导航市场是创新蓝海之举。然而,在后续积极创新的过程中,没有区分蓝海与属于红海的新产品的差异,使其卖身而最终成为阿里的一枚棋子具有必然性。这也是在创业创新中我们要考虑并且借鉴的,清晰定义创业创新的目标,例如,是为了做大做强还是为了在较短时间内以较高溢价卖掉公司,同时清晰地分析红海和蓝海以及在期望时间内要达到的效果,从而制定相适应的战略。

附录 6-1：前装车载销量预测

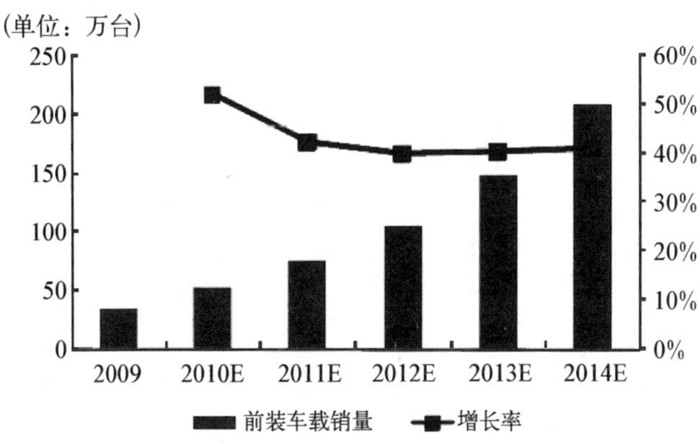

数据来源：易观国际，中投证券研究所。

附录 6-2：2009 年车载前装导航图资市场厂商占比图

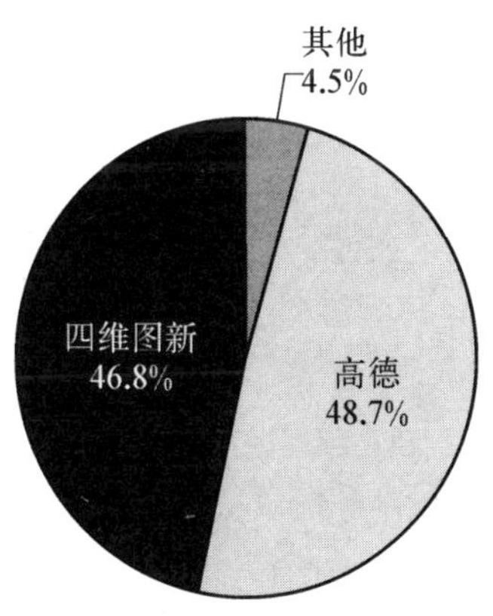

数据来源：易观国际。

附录 6-3：2011Q1—2013Q3 高德软件各业务营收比例情况

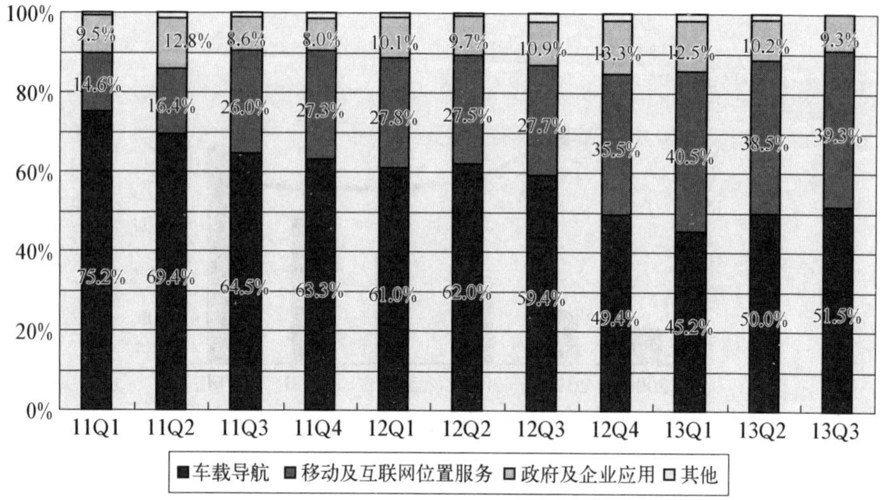

数据来源：高德财报，易观整理。

附录 6-4：高德管理层 IPO 阶段股权结构

管理层	年龄	职位	IPO 前持股(%)	减持	IPO 后持股(%)
侯军	45	董事会主席	23.4	—	19.5
成从武	45	董事，CEO	13.5	—	11.3
Jun Xiao	43	董事，COO	7.9	—	6.6
Xiyong Tang	42	运营副总裁	12.3	—	10.3
Derong Jiang	44	质检副总裁	5.3	—	4.4
沈南鹏	42	董事	4.7	—	3.9
Charlie Yucheng Shi	47	董事	5.6	1.6	3.3
Jeffrey Zhijie Zeng	41	独立董事			
Dave Qi	46	独立董事			
Catherine Qin Zhang	44	首席财务官	2.2		1.8
Yongqi Yang	45	首席技术官			
管理层持股总计			64.1		52.2

数据来源：高德财报，i 美股(imeigu.com)，2010 年 10 月 29 日。

附录 6-5：O2O 分行业图谱

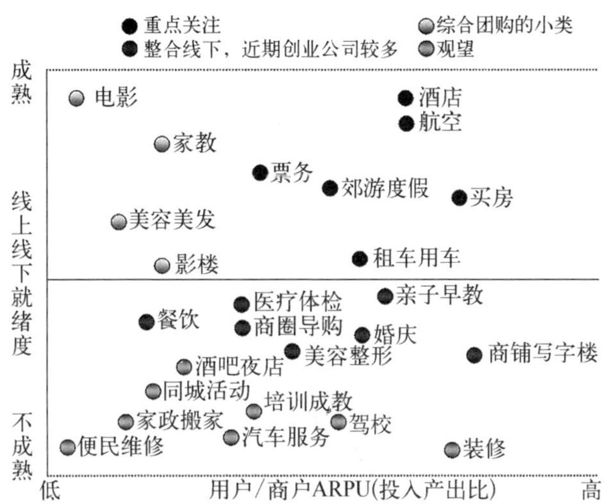

资料来源：张楠：《高德的淘宝梦：让商家在地图上交易》(2013 年 1 月 25 日)，新浪网，http：//tech.sina.com.cn/i/2013-01-25/02118013476.shtml，最后浏览日期：2015 年 11 月 3 日。

附录 6-6：移动地图和导航市场产业链

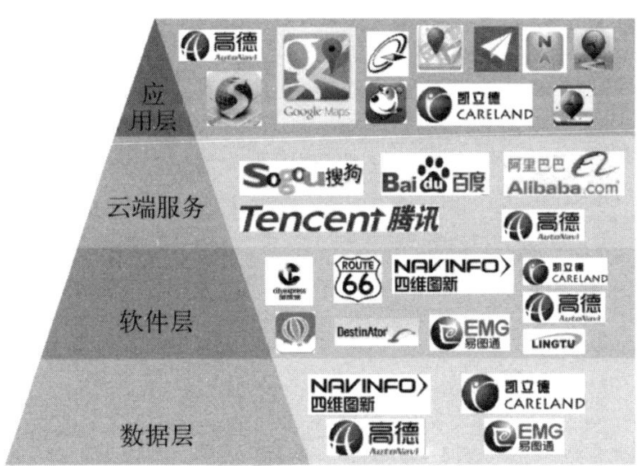

来源：高德宣传资料。

说明：移动地图和导航市场产业链分为四层：① 应用层，代表企业高德、凯立德、百度地图等；② 云端服务，代表企业腾讯、百度、高德等；③ 软件层，代表企业易图通、凯立德、四维图新等；④ 数据层，代表企业高德、易图通、四维图新等。其中，高德在四个层面均有布局。

附录 6-7：2011Q1—2013Q3 高德软件利润变化情况

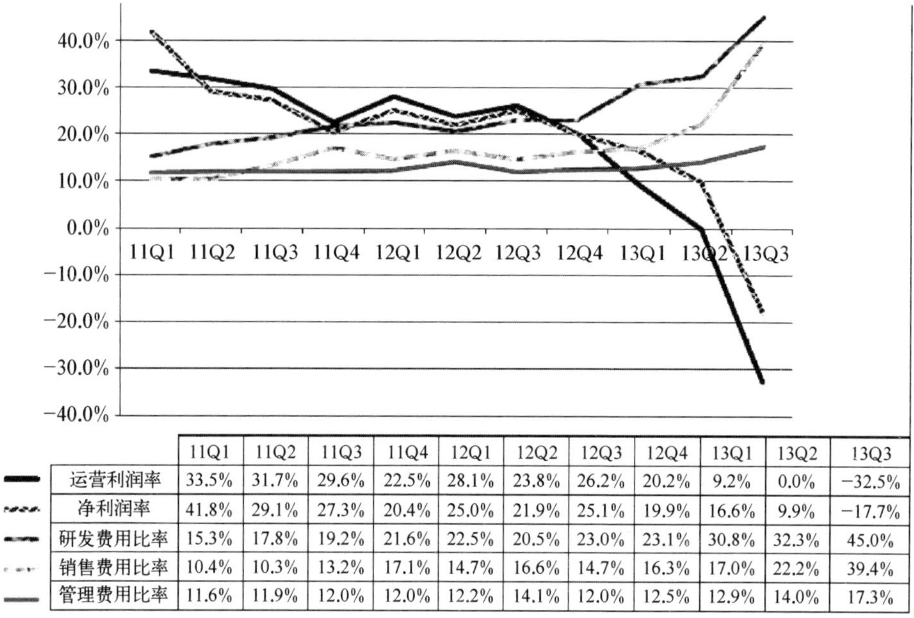

	11Q1	11Q2	11Q3	11Q4	12Q1	12Q2	12Q3	12Q4	13Q1	13Q2	13Q3
运营利润率	33.5%	31.7%	29.6%	22.5%	28.1%	23.8%	26.2%	20.2%	9.2%	0.0%	-32.5%
净利润率	41.8%	29.1%	27.3%	20.4%	25.0%	21.9%	25.1%	19.9%	16.6%	9.9%	-17.7%
研发费用比率	15.3%	17.8%	19.2%	21.6%	22.5%	20.5%	23.0%	23.1%	30.8%	32.3%	45.0%
销售费用比率	10.4%	10.3%	13.2%	17.1%	14.7%	16.6%	14.7%	16.3%	17.0%	22.2%	39.4%
管理费用比率	11.6%	11.9%	12.0%	12.0%	12.2%	14.1%	12.0%	12.5%	12.9%	14.0%	17.3%

数据来源：高德财报，易观整理。

案例七
数字化时代的中国工商银行*

互联网金融逆袭

近十几年来，整个社会出现了一股去中介化的浪潮。特别是当一些非金融企业利用移动互联网技术迅速渗透到金融领域时，互联网金融随之诞生。这种新业态催生了去银行支付和融资中介的新环境和新格局，使银行传统业务受到严峻挑战。置身于这样的环境中，我们该怎么调整？如何顺应大势？

2014年6月29日，站在中欧国际工商学院"大师课堂"的讲台上，中国工商银行（以下简称"工行"）董事长姜建清以这样的发问，拉开了他对工行在数字化时代发展的战略思考帷幕。

"互联网金融对商业银行的挑战不在于技术，而在于思想和观念。你可能很懂互联网，但是如果没有互联网思维的话，在未来也会落伍，"姜建清说，"因此，要想再造一个全新的工行，不仅要利用互联网技术，更要引入互联网

---

* 本案例由中欧国际工商学院朱晓明教授、案例研究员朱琼与研究助理倪英子共同撰写。在写作过程中，也得到了中国工商银行的协作与支持。该案例目的是用来做课堂讨论的题材而非说明案例所述公司管理是否有效。

思维。”

“然而，”说到这里，他禁不住眉头微蹙，“商业银行传统的思维模式和金融惯性太强大了。”姜建清指出，这是再造工行最大的障碍。

那么，姜建清能打破这个障碍吗?

工行信息化

姜建清与信息化

“要改变人的思维模式是最不容易的。”为了证明自己的观点，姜建清列举了一个亲身经历。1982年前后，当时的中国人民银行引入计算机替代手工进行会计核算，这本来是一件提高效率的事，但是，员工却对计算机不放心。对计算机算出来的结果，员工都要用算盘核算。当两者结果不一致时，员工认为是计算机出错，可是再反复核算几遍后，发现还是人工错了。这种用人工去校对计算机结果的事做了好几年，最后才敢相信计算机确实不会出错。“用计算机代替手工记账，传统的思维惯性尚且这么大，更何况我们今天面临的是更大、更深入的思维转变!”

“那么，工行是否就没有实现思维转变的希望了呢?”听到这个问题，姜建清略作沉思，接着缓缓地说，“我想，人在不断实践的过程中、在不同环境下，他的认识会慢慢改变的。一小部分人会先变，逐渐影响更多的人。因此，我们可以利用信息技术去营造这样的过程和环境。”姜建清将希望寄托在他所熟悉的信息技术上。

1999年7月，姜建清(参见附录7-1：姜建清简历)从工行上海分行行长的位置离开，到北京任工行党委副书记和副行长，2000年2月，姜建清任工商银行党委书记和行长。而他关于金融发展与高科技关系的论著《金融高科技的发展及深层次影响研究》也于1999年脱稿，2000年出版。在这本书中，姜建清写道:“整个银行金融业务发展的历史，就是金融业务不断创新、银行高科技不断发展与应用的过程，实际上就是银行电子化发展的历史。”①因此，“今后银行业的竞争越来越多的是银行科技创新方面的竞争，是信息技术的竞争”②。

姜建清对信息技术的深入研究始于 1995 年。当年他去美国进修，恰逢美国安全第一网络银行兴起。这个全球第一家提供因特网金融服务的银行，于 1995 年 10 月在网上开业。开业后的短短几个月，即有近千万人次上网浏览，给金融界带来极大震撼。当时恰好置身于震撼前沿的姜建清，接触到大量相关的媒体报道，互联网金融的概念正是从那时就植入了他的脑海里。“当时不像现在可以方便地利用计算机收集电子文献，当时很多资料都是我复印下来的。”凭借着这些资料，他在美国期间写成了他的另一本著作——《美国银行业的科技革命》的主要章节。

这样的研究积淀，让姜建清在成为工行总行高管后，立刻把信息科技列为重要工作内容。因此，工行早国内同行两年的数据大集中工程——“9991工程”于 1999 年 9 月 1 日正式启动。几年后，中国建设银行科技部的一位资深人士评价道：“工行在国内最早提出实施数据大集中，并且对这一方向执行得非常坚决。今天事实证明，工行的这个决策具有战略意义。”③“9991 工程”奠定了此后工行在信息科技方面的领先基础④。自此，工行信息化进入了高速发展的轨道。自 2005 年起，每年在信息化建设上投入 100 亿元人民币，涉及各类科技软硬件和服务的打造，以及科技人力资源等方面的建设。

当银行开始面临互联网金融挑战时，姜建清说：“无论是在思想上，还是在金融创新上，我们都早有准备。”工行数据中心（上海）总经理钱斌部分验证

---

① 姜建清：《金融高科技的发展及深层次影响研究》，中国金融出版社 2000 年版，第 82 页。

② 同上书，第 89 页。

③ IBM：《再造神经中枢，中国工商银行的数据大集中之路》（2010 年 6 月 13 日），CBINEWS，http://www.cbinews.com/casestudy/news/2803.html，最后浏览日期：2015 年 10 月 26 日。

④ 吴蔚：《跨世纪的战略工程——中国工商银行数据大集中历程回顾》，《中国城市金融》2007 年第 3 期。

了姜建清的准备，“做大数据分析应用是需要长期规划、积累的。如果没有我们董事长很早就对这方面提出要求，以至于我们这么多年持续积累数据，那么我们今天即使想开展大数据分析也没有基础”。

因为有备而来，姜建清在和工行专业部门讨论银行发展总体创新架构时，总是头头是道，让他的下属不敢有丝毫怠慢。“他们看到我是比较头晕的。因为我不仅讲战略，还跟他们讨论大量的战术，一直讨论到细节。”说到这里，姜建清面露些许自豪。工行大部分业务高管也证实，他们的发展战略甚至是一些战术细节，最初都来源于董事长。

姜建清对创新业务的要求让下属有些喘不过气。一次饭桌上，电子银行的负责人兴冲冲地向他报告：“我们微信业务量每天达到 29 万笔了。”但是，姜建清马上回应道：“太少了。我们网银(用户数)都快接近 1.8 亿了，做一个批量转化，微信这一块至少应该是上亿级的水平。”在工行电子商务平台融 e 购上线 4 个月时，姜建清就说：“我们的大数据分析做得不够。我还很少看到从这个平台出来大量非常好的数据分析报告。这是缺乏互联网思维的表现。”

这位工行的掌舵者，一直在用这样的方式，毫不留情地“鞭挞”着工行向前奔。

信息化进程

信息系统

工行成立于 1984 年 1 月 1 日，发展至 2008 年中，盈利水平首次跃居全球银行业榜首，之后一路领先。截至 2013 年年末，总资产 189 177.52 亿元，同比增长 7.8%，总负债 176 392.89 亿元，同比增长 7.5%；利润 2 629.65 亿元，同比增长 10.2%。凭此业绩，工行问鼎英国《银行家》全球 1 000 家大银行之首，在美国《福布斯》杂志全球企业 2 000 强排名中，也成为老大，并首次入选全球系统重要性银行。

实现这些业绩的，是工行全球化的业务网络。发展到 2013 年年末，工行业务已经跨越全球六大洲，境外网络扩展到 40 个国家和地区，通过 17 245 个境内机构、329 个境外机构和 1 903 个代理行以及网上银行、电话银行和自助银行，为 473.5 万公司客户和 4.32 亿个人客户提供金融产品和服务。

让这个全球网络发挥竞争力的，正是工行信息化运营管理系统。经过 30 年的信息化建设，工行业务运营管理系统经历了 3 次进化，形成了 4 个系统(参见附录 7-2：中国工商银行信息化运营管理系统演变)。第一代(1995—1998 年)系统，是核心业务系统，以账户为中心，基于传统柜台，将业务操作从手工逐渐转移为电算化；第二代(1999—2002 年)CB2000 系统，是综合业务系统，实现了账户核算的统一、资金汇划清算和 7×24 小时业务服务；第三代(2003—2008 年)NOVA 系统，是数据集中处理系统，集中了客户信息，实现了多渠道管理，并为风险管理、决策等提供了信息化管理手段，个人网上银行也在这个阶段推出；第四代(2009 年至今)NOVA⁺ 系统，在整体架构提升的基础上进一步实现对国际化、综合化业务发展的支持，并且实现了核算与产品剥离、全面风险管理、管理信息大集中。

自主研发

几乎所有银行都不敢怠慢信息化建设，为什么只有工行能演绎出这样的系统进化并成就全球竞争力呢？“依靠自己力量自主研发”，钱斌脱口而出。钱斌对这个问题的答案深有体会。因为他在参与收获工行自主研发成果的同时，也看到其他银行依靠外力的尴尬甚至颗粒无收。

工行 1996 年之前的系统也是外购的。1996 年 6 月 29 日，工行在珠海成立软件开发中心，自此，工行进入自主研发时代。组成珠海研发中心的最初 150 人，全部来自工行各分行，他们对银行业务熟悉，同时，也对技术架构平台有一定认知。这些人被招集到珠海，但人事关系还保留在原来单位，他们在珠海工作，每月能得到 1 200 元补助。

这个团队发展到1999年年初，完成了两个大项目。第一，建成了工行资金清算系统，使银行汇差交易每笔用时从24小时缩短为2小时；第二，在深圳分行上线试点第一代核心业务处理系统。“这两个系统的诞生，为我们后面数据大集中奠定了基础”，钱斌评价道。

“工行不是国内同行中最早建软件开发中心的”，钱斌透露，20世纪90年代初，国内另一家银行不仅在巴黎、东京，也在深圳创建了开发中心，但是，他们走的是与工行不同的路，办公楼是买的，研发人员是从外面招的。发展几年后，一个产品也没有出来，最后“人去楼空”。

而工行的自主研发，在推出产品的同时，也唤起了来自业务部门的更多需求，于是，一个珠海研发中心裂变出四个其他研发中心：广州中心成立于2002年10月，承担工行个金、信用卡、海外、技术平台等业务线系统研发；上海研发中心成立于2003年10月，承担人力资源、财务管理、经营分析、风险管理、办公管理等研发；北京研发中心成立于2004年5月，承担网上银行、电话银行、手机银行、海外等研发；杭州研发中心成立于2006年12月，承担资产管理、金融市场、中间业务、非银行金融等研发。

数据中心

工行软件开发中心发展到1999年具备一定基础后，就启动了在中国银行业史无前例的数据大集中工程——“9991”工程。为什么要实现数据大集中？工行首席信息官林晓轩曾经给出了这样的答案，“数据大集中是商业银行发展过程中的必然选择。没有数据大集中，我们就无法实现管理的集中，风险控制、产品经营和决策支持等也无从谈起”。

“9991”工程用时三年，采用双中心模式设计方案，将分布在各省的37个工行计算中心集中到北京、上海两大数据中心，实现全行统一的、流程标准化的核心业务系统，实现一年365天、一天24小时不间断运行。

2002年10月27日，上海分行归并到数据中心（上海）、北京分行归并到数据中心(北京),标志着这个工程圆满结束。

2004 年 9 月,工行对北京数据中心和上海数据中心实施了物理迁移,并明确了各自功能,上海中心作为全行生产中心,北京中心作为生产中心的备份中心和业务测试中心。2014 年,随着工行上海嘉定数据中心的建成,工行实现了两地三中心运维模式。上海外高桥和嘉定数据中心,实现同城双中心共同运行、独立部署、故障接管和短距离异地灾难备份,而北京中心用于这两个中心的灾难备份。

工行数据中心,不只是为工行内部服务,还为第三方合作伙伴或者其他寻求托管的企业服务。比如,托管基金公司或保险公司的数据,并与它们合作推出产品,甚至工行数据中心的技术力量还为诸如进出口银行这样的深度合作伙伴开发管理系统并帮助它们维护。“当然,我们也会做一个非常严格的限定,保证合作伙伴整个信息的安全。”钱斌说。

在 2004 年数据中心物理整合的基础上,2006 年,工行在数据中心(上海)实施了核心应用系统重构,重构的结果是将应用系统按公司和个人业务在逻辑上划分开来。按照工行信息科技部副总经理张颖的说法:“这样分开增加了灵活性。公司和个人后台数据各跑各的,大家互不影响,做相关产品研发时,也因为彼此独立而加快研发速度。”而且,张颖还认为,这个分开也意味着银行大数据思路的萌芽。工行数据中心(上海)的一位副总经理进一步解释,在做分开动作的同时,工行也在考虑大数据问题,“随着业务规模的不断增大,后面系统将达到非常大的数据量级。从逻辑上把公、私业务分开,我们在后续横向扩展或挖掘数据时,就不需要面对一个过于庞大的数据量”。不过,他又补充道:“我们并没有定义工行的大数据就是从那时开始的。”

业务电子化

“业务电子化是对工行后续发展起决定作用的因素之一”,钱斌说。

工行业务电子化是从1996年开始，发展到1999年年底，在全国建成44个大中型机计算中心，电子化网点达28 000个，ATM近3 400台，POS终端达2万多台。以总行中心连接所有43个一级分行中心的一级网，以一级分行中心连接各所辖地市行中心的二级网，以及各地市行中心连接其所辖各机构的三级网基本建成。对公、储蓄、各种代理收付等中间业务基本实现电子化，并开办了ATM自动取款、电话银行、电子汇兑、牡丹卡等业务。

进入2000年，工行成立电子银行部。2000—2003年，工行明确了"以网上银行为重点、电话银行为普及、手机银行为探索"的渠道发展战略。2001年6月，工行网上银行（e-bank3.0）上线，首先提供企业网上银行业务，之后，这个平台陆续加入了工行其他传统业务，比如，个人银行业务、银行卡业务、理财业务等。2003年12月8日，工行推出以"金融@家"为品牌的个人网上银行服务。自此，工行网上业务覆盖了对公、对私的所有业务。

2004—2008年，工行通过打造"四大渠道""六大平台"提升电子银行的竞争力，实现网上银行的"跑马圈地"市场战略。其中，"四大渠道"指网上银行、电话银行、手机银行、自助银行，而"六大平台"则是指资金管理、电子商务支付、收费缴费、金融理财、代理销售和营销服务平台。

2009年以后，工行制定了引领国内电子银行业务发展，打造国际一流电子银行的发展战略。工行国际结算系统、贸易融资、代理授信管理、外汇买卖集中平盘和远期结售汇等系统自2004年起陆续投入使用。随着工行境外业务的不断发展，工行希望通过对境外电子化系统的优化、完善和整合，实现境内外统一监管。

截至2013年，工行所有业务全部都是用计算机处理，以网上银行为主的电子银行业务笔数占全部业务比重的81%，网上银行交易量超过350万亿。网上银行用户数达到1.7亿、手机银行、电话银行用户数均突破1亿户。工行网上银行的实力还体现在另一组数据中。根据产业分析公开数据，2013年第2季度中国网上银行市场交易规模排名中，工行以38.01%位居第一，其次是中国建设银行(16.33%)、中国农业银行(12.06%)[①]。

这样的数据，呈现了工行信息化20年的自主发展结果。如今，他们拥有1.3万科技人员，包括总行科技部120人，软件开发中心4 300人，数据中心(北京)1 100人，数据中心(上海)780人，以及分行7 000人的科技队伍。

“拥有这样的信息科技能力，我们为什么还会担忧互联网金融的逆袭呢?”站在中欧的讲台上，姜建清问道。

互联网金融的飞速发展

互联网金融

1995年正式开业、1998年被加拿大皇家银行收购的美国安全第一网络银行被认为是互联网金融的早期萌芽。不过，目前活跃在市场上的却是另外两股势力：一股是互联网企业，借助电子商务或其他互联网渠道，掌握了客户的资金流、信息流，进而延伸到客户的支付融资等金融领域；另一股是金融企业，利用互联网工具，从支付融资一直延伸到客户的其他金融或非金融服务领域。显然，这两股势力正在从两头出发，做相遇运动。

对金融企业而言，按照工行电子银行部总经理侯本旗的说法，“本来利用不断发展的IT技术开展业务是一个按部就班的过程，然而，突然出现的互联网企业，打乱了我们的步伐。我们跟他们殊途同归，因此也从合作者变成了竞争者”。

最先涉足金融领域的互联网企业是阿里巴巴。2012年，在阿里巴巴网商大会上，阿里巴巴董事局主席马云表示，阿里巴巴集团将会分成三块主

① 易观智库：《2013年第2季度中国网上银行市场行业数据库》(2013年7月13日)，易观网，http://data.eguan.cn/qitashuju_170458.html，最后浏览日期：2015年11月4日。

要业务，平台、金融和数据。“不是因为我们想挣更多的钱，而是我们觉得在这个时代，需要用互联网思想和互联网技术，去支撑整个社会未来金融体系的重建。”“在未来五年内，阿里要申办自己的银行。”一位阿里高层透露[①]。

阿里的金融模式得到了央行行长周小川的支持。他表示，通过(引入互联网金融)竞争，会改进传统行业的发展，使其适应新的情况并有一种强刺激，从而有助于他们跟上时代和科技的步伐[②]。

周小川的支持，再加上阿里巴巴的示范，很快，腾讯、京东、百度、网易等都先后以不同方式进入这个领域。2013 年起，这股互联网金融热在国内市场很快蔓延。

招商银行前行长马蔚华认为，导致这股互联网金融热的原因，除了监管当局的鼓励扶持外，客观原因还在于传统金融机构对弱势群体服务不足留下的市场空间，比如小微企业贷款、个人借贷担保、小额理财和 P2P 等。服务这些“长尾”市场，恰恰是互联网企业的强项，他们可以利用“大(大数据)云(云计算)平(平台)移(移动互联网)”技术准确、高效、经济地处理海量数据，从中找到有价值的决策信息，使金融创新服务成为可能。当然，网民数量的快速增长，线上消费和生活的蔚然成风，也是不可忽视的原因[③]。

互联网企业涉足金融，主要具有以下三种业务特征(参见附录 7-3：互联网金融的主要特征及其对应的细分业态)。

- 通过新技术挖掘客户信息并管理信用风险。
- 以点对点直接交易为基础进行金融资源配置。

---

① 于天娥：《阿里腾讯京东让互联网金融热一年》(2013 年 3 月 21 日)，投资界，http：//chuangye.cyz.org.cn/2013/0321/36263.shtml，最后浏览日期：2015 年 10 月 21 日。

② 同上。

③ 房旭：《马蔚华：互联网金融颠覆不了商业银行！》(2014 年 5 月 23 日)，福布斯中文网，http：//www.forbeschina.com/review/201405/0033248_7.shtml，最后浏览日期：2015 年 10 月 21 日。

● 以第三方支付为基础的资金转移。

凭借这些业务，互联网企业横亘于金融企业与最终客户之间。如果他们能在此站稳脚跟，那么，金融企业就会被生生地“去中介化”。这样的演进，让银行颇为紧张。

监管“红利”

“银行在互联网金融方面的探索受到了监管部门严格约束。因此，我们在创新的大胆程度或者说享受监管‘红利’方面，比互联网企业要弱很多。银行首先强调安全性。”工行电子银行部副总经理、电子商务负责人张立军，在谈到银行对互联网金融的探索前提时，第一条就触及监管问题。

中国商业银行在成长过程中，受到各种指标的监管（参见附录 7-4：中国现行银行监管指标体系）。这些监管指标，对银行意味着发展的边界和监管成本，但对互联网金融却构成了一定程度的监管“红利”。比如银行资本充足率提高意味着贷款自由度受到限制，利润空间进一步压缩。因此，对于那些高风险但高收益的项目，银行一般不敢问津，把机会留给了非正式的信贷市场。根据公开资料，温州贷注册资本为 500 万，人人贷注册资本 100 万，但他们一年就可以把成交额做到数亿甚至十亿[①]。

再如，银行定期存款提前支取只能获得活期利息，但是，基金公司投资银行协议存款，之前却享受着“提前支取不罚息”的“红利”，即基金公司在应对紧急赎回情况下，可以提前支取未到期的协议存款，银行仍按原来约定的收益支付利息，相关利率损失由银行承担。这个协议曾经获得证监会和银监会的认可。因为这样的“红利”，支付宝之类的“宝”们能承诺做到 T+0 天赎回，从而吸引了很多对资金有流动性需求的客户。

还有，中国的一些第三方支付，支付账户和存款账户混淆，进而形成了金

① 黄敏：《互联网金融监管真空滋生诱人红利》（2014 年 1 月 8 日），中财网，http://www.cfi.net.cn/p20140108000586.html，最后浏览日期：2015 年 10 月 26 日。

融机构边界的模糊。负债和存款业务，从现行监管来看，应该为商业银行或其他金融机构特许的经营权，但是，第三方支付的这两种账户的混淆，让账户的法律属性不清晰，对账户自身的利息也没有规定，让这两种账户既可以吸收存款、办理结算业务，也不用交存准备金，不用接受流动性管理。

不过，这样的“红利”已经引起各方关注。2014 年 3 月 5 日，互联网金融被首次写入本届政府工作报告，政府要以更加开放、包容的思维和理念，在控制互联网金融风险的同时，引导其规范化发展。因此，对互联网金融的管理也被纳入有关方面的工作日程。比如，2014 年 3 月，中国人民银行发出声音，“把线下金融业务搬到线上的，必须遵守线下现有的法律法规，必须遵守资本约束。不允许存在提前支取存款或提前终止服务而仍按原约定期限利率计息或收费标准收费等不合理的合同条款”①。

然而，按照中国银监会政策研究局研究员张晓朴的说法，“目前互联网金融链条上，除了部分环节受到了监管(如第三方支付)外，其他仍然处于无门槛、无标准、无监管的‘三无’状态”②。

工行面临的挑战

中国已有 250 家第三方支付企业获得了支付业务的许可证，其中具有办理网络支付业务资格的机构达到了 100 家。目前排名靠前的几家支付机构的业务笔数、金额、用户数都是全球领先。他们从事的业务范围，包括吸收存款、办理结算、银行卡收单、投资理财、小额信贷等，涵盖了存贷汇等银行传统业务，触角开始伸向基金、保险等金融衍生品。按照姜建清的说法，“这个覆盖范围在全世界也是最广之一，对商业银行构成很大压力”。

为了说明这个压力大小，姜建清给出了一组数据，2013 年，商业银行支

① 苏曼丽：《央行再发难互联网金融 货币基金红利结束》，《新京报》，2014 年 3 月 25 日。
② 薛健：《互联网金融或迎来监管“元年”》，《中国经济导报》，2014 年 1 月 23 日。

付金额为 1 075 万亿元，支付笔数是 257 亿；而第三方支付金额是 9.2 万亿元，但支付笔数却是 167 亿。因为商业银行不能跨行结算，不能直连，只能通过银联，因此，在跨行支付上，商业银行支付笔数只有 21 亿，第三方支付则达到了 153 亿笔。

互联网公司之所以这几年能在金融领域快速发展，姜建清认为，一方面在于他们所提供的金融服务具有尊重客户体验、强调交互式营销、主张开放平台等特点，另一方面，“互联网金融生态中的消费者，较大程度地掌握了信息的主动权，他们主动寻找自己想要的产品和服务，不那么忠诚自己的开户银行，也不一定听从银行销售人员的引导，所以，传统银行和客户关系正在被破坏。而与此同时，银行还在对自己的过去发展成就形成路径依赖”。因此，综合这些变化，姜建清认为，“即使工行在以往信息化中取得了很大成就，但是，仍然受到极大挑战”。

“我们以往的信息化，都是基于传统面向内部、面向过去的一种思路，把银行的业务，用计算机的方式去实现。银行的本质没有变，银行的产品没有变，甚至银行的流程都没有变，管理模式也变得很少，只是用数字化的方式。”工行科技部总经理吕仲涛补充道。

“现在互联网金融的市场，是消费者的市场，适者生存就是适应消费者的需求才能生存。因此，我们面临着决策思路由外而内的变革挑战。”姜建清认为，这种挑战归根结底，就是互联网思维的挑战。

那么，基于工行已有的信息化基础，面对着互联网金融挑战，姜建清下一步该怎么走？

主动融入互联网金融

互联网金融并不能简单地定义为通过互联网来办理金融业务，它更

> 本质的内容在于提供金融服务时尊重客户体验，强调交互式营销，主张开放平台和快速交互等。因此，通过银行信息化是无法满足这些需求的，所以，从2013年起，工行启动了战略转型，从银行信息化转为信息化银行。这个转型，是要通过信息的集中、整合、共享、挖掘，让银行的经营决策和战略制定，从依赖经验向依赖数据转化。因此，我们要建立分析数据的习惯，重视大数据开发利用。坚持客户和市场为中心，以信息流为导向、资金流为主线、物流为基础，以网络化、便捷化和客户自定义的移动银行为方向，重构银行体系，将银行从支付和融资中介转向综合信息中介。
>
> ——姜建清

银行信息化和信息化银行，从字面看，只不过前后颠倒，它们究竟有何差别？工行科技部总经理吕仲涛诠释道："这是两个思维方式完全相反的概念。银行信息化就是银行传统思维，基于内部朝外看，银行的本质没变，产品没变，流程和管理模式也变得很少。但是信息化银行就倒过来了，是从客户和市场的角度来做决策，是以信息的视角来重构银行的商业和管理模式，从而提升信息创造价值的能力。"

那么，在信息化银行战略下，工行是如何从客户角度出发，来提升信息创造价值的能力呢？"首先从互联网金融切入"，吕仲涛说。信息化银行战略，在工行涉及基础建设、经营、管理、措施机制四个层面的落实，围绕这四个层面，工行设计了25项任务。其中一些任务与互联网金融直接相关。比如，在基础建设层面，引入云存储、云计算技术，用以构建大数据的基础。在经营层面，建设互联网金融相关的平台。

从互联网金融切入，怎样就能获得从客户出发的决策思维了呢？

大数据

如何应用大数据？姜建清有自己的体会。在他看来，人的大脑就是一部大数据的应用机器。他经常用自己的这部机器在工行甄别异常信息。过去工行财会部经常拿一份十几页纸的报表给他看。尽管报表上横的竖的密密麻麻布满了数字，但如果有错误，姜建清会很快发现。一次，财会部送报表的人还没走多远，姜建清就发现了一个数字错误，但是财会部总经理却立刻反应说不可能，因为他们横的竖的都核算过好多次。在姜建清的坚持下，财会部又算了一遍，可是匆忙改完的数字再次呈现在姜建清面前时，还是被姜建清指出了错误。最终，财会部静下心来仔细核算，终于矫正了错误。

"我对错误的识别就是我脑海中大数据应用的结果，"姜建清说，"所有的数据都是有规律的。当数据积累到一定程度，它的变化状态就变成了你的一个心理数字。你一旦看到这个数据波动超出它的范围，就本能地意识到可能出现异常。"姜建清说他之所以对数据有极高的敏感性，应该感谢他脑子里长期积累的全数据。"我们玩大数据，就是要拿全数据来进行分析。"

经过30年的发展，工行已经积累了超过数十PB[①]的数据。这些数据存储在两类库中，数据仓库，用于存储结构化的信息；信息库，用于存储非结构化的信息。对于非结构化数据，工行除了用传统的文件形式保存外，还基于Hadoop进行挖掘分析。

工行对于这些数据的分析应用是随着大数据技术的出现和逐渐成熟而不断深入的。工行几乎各个业务、管理模块，都渗透进了这种应用。比如，他们已经对1 800万工行客户进行了信用评级，当客户在交易中进行刷卡的一瞬间，就会收到一条短信："您刚刚消费××元钱，请问要不要分期付款？"如果需要，客户只要回一条短信，刚才的消费金额就马上返还到他的卡里，贷款就办成了。

这个应用已经被打造成了一个产品——逸贷。"这个应用的难点在于如

① PB是数据存储容量的单位，它等于2的50次方个字节，或者在数值上大约等于1 000个TB。TB是一个计算机存储容量的单位，它等于2的40次方，或者接近一万亿个字节。未来学家雷蒙德·库兹维尔(Raymond Kurzweil)对PB的定义进行了延伸：人类功能记忆的容量预计在1.25个TB。这意味着，800个人类记忆才相当于1个PB。

何筛选客户。如果没有大数据技术的支撑,我们根本不敢推出这个产品,"工行科技部副总经理张颖说,"我们设计了一个筛选客户的模型,系统天天依据这个模型动态增减客户。"

2014年1月工行上线了一个利用大数据去进行信用卡反欺诈的应用,对工行每天400万笔信用卡交易中的异常交易进行拦截。5月,他们果真成功拦下了一笔涉外盗卡交易。那天,工行一位高净值客户的信用卡在阿拉伯某地被不停地盗刷,系统捕捉到这一信息后果断冻结账户。"我们拦截通过两种方式,一是采用规则及规则下的变量。这100多个变量是通过数据挖掘出来的,能真正识别风险,而且这个变量挖掘是一个动态过程,每隔一段时间都会根据新的欺诈手段重新筛选。第二,对交易进行风险评分。这里面涉及时空分析等,"工行上海研发中心的一位负责人说,"我们要求系统50毫秒内把这些规则运算掉。因为我们要保证刷卡客户的很好的应用体验。当然,这对系统的实时处理能力、容量都提出很高要求。"

对于工行的大数据建设和应用,工行数据中心(上海)总经理钱斌认为,还存在三方面的不足:"第一,对结构化数据运用不够。我们有400多万个对公客户,4亿个人客户,每天有2亿多笔交易数据。这些数据对业务运营的支持还不足;第二,我们对非结构化数据的收集和分析能力还有待提高;第三,我们信息某种意义上还存在碎片化,需要做整合推进。"钱斌同时指出,工行已经推进5年并将继续推进的整合前台、共享中、后台的举措,就是为了打破专业部门的边界,实现系统整合。"这是实现大数据一个很重要的基础,否则信息就会存在碎片和割裂。"

搭建互联网金融平台

支付

通过支付平台,工行希望提供支持B2B、B2C的所有资金结算业务。对于支付平台，工行是有历史积累的。

早在2008年2月，工行就开通了网银支付功能；2011年11月，推出了工银e支付[①]。在这些基础上，2014年，他们开始打造互联网支付平台。按照工行电子银行总经理侯本旗的说法，“这个支付平台的特征是：第一，统一，以前各个分行、不同支付业务所用平台都不一样，这次要做一个统一的平台；第二，从应用性上来说，要保证用户体验；第三，要支持移动化”。

工银e支付是这个平台上的重要产品之一。2014年3月推出的新版本产品，可以让用户在移动支付时，输入预留手机接收到的短信验证码，就可完成单笔3 000元以内的网上购物、转账和缴费业务。但是在2011年时，用户使用这个产品进行支付需要通过“手机号码＋银行账号后6位＋动态密码”的方式进行验证。

“不要忽视验证环节的这个变化，这在我们内部是经过反复争论、权衡的结果，”张颖说，“这实际上也是我们向互联网思维转变的一个体现。”根据张颖的介绍，以前工行的验证方式，是出于绝对安全的考虑。因此，当密码验证的思路在内部提出时，业务部门马上反对，“钱丢了怎么办？谁负这个责任？”然而，以前的支付验证方式用户体验显然不好，使用起来麻烦。而现在市场上第三方支付产品已经让用户体验到简单快捷的方式。如果工行还继续保持原来的方式，那凭什么吸引用户？“市场的压力逼着大家不得不在安全和便利上寻找折中，逐渐地打破传统思维惯性。”张颖说。

除了e支付以外，工行还向非工行客户提供支付功能。2014年4月，他们推出了跨行支付功能，用户拿着其他银行的银行卡，也能在工行ATM机或其他终端上进行支付。另外，这个支付平台7月还增加了无卡支付业务。

① 工银e支付是工行为满足客户小额支付需求而推出的一种PC端或移动端电子支付方式。

综合缴费

在综合缴费平台上，工行的地位就是中介，连接商家和客户。工行要从“支付＋信用”中介转向“支付＋信用＋信息”中介，这个缴费平台就是不可缺少的部分，它可以为工行带来有关民生的交易信息。实际上，第三方支付也在抢占这个中间位置，因此，工行颇感压力。

工行各地网点或者网上银行都早已提供了民生缴费服务，比如交水电煤气费、学费、医疗费等。但之前的缴费系统是分散在工行的不同分行网点的，不利于信息的整合和全盘规划管理。因此，工行希望打造一个综合缴费平台。在这次平台再造中，用户良好的缴费体验是他们着力要实现的。“在缴费市场上，我们本来就有优势，而且我们会更快地拓展。我们会为客户提供更便捷的服务，比如他可以不用上网银就缴费，甚至用其他银行的卡也能缴费。”张颖说。

线上线下一体化 POS 商务管理

这是一个工行 2014 年推出的平台。做这个平台的目的，张颖说：“是为了黏住线下的商户，稳固住工行线下的传统优势，同时，也与商户共享客户的消费行为信息和交易信息。”

这块线下资源，也是互联网企业进军金融垂涎的，他们正从线上向这块侵蚀。

那么，如何才能实现这样的平台目的呢？张颖介绍，就是在工行手机银行中嵌入位置服务功能，让客户在线上通过位置服务找到周围需要消费的场所，然后用工行信用卡或者二维码在线上支付或者线下刷卡支付，之后到线下去消费。“我们这样做其实是在为商家提供引流服务，将客户引向他们。甚至，工行还可以为不同商家制定不同的吸引客户的政策，比如在某个商家，客户只要刷卡就能享受到低息甚至是免息的分期付款，这样，客户就会经常光顾这家商户。”张颖说。现在各家银行都在商家那里摆上自己的 POS 机，如何让商家选择用工行的呢？“除了那些线上引流措施外，我们还可以通过对公业务为商家提供优惠、便利的金融服务来黏住他们。”张颖回答。

即时通信

工行的即时通讯平台，是一个类似微信的社交产品。借助它，工行要解决两个问题。第一，工行对客户的下行沟通。曾经工行对客户的主动营销，都是通过短信来进行，每年要支付几亿元人民币的短信费用。利用这个平台，工行就能部分节省这笔费用。第二，也是更为关键的，就是要为客户提供个性化的快捷服务。现在工行提供给客户的服务，基本上还是标准化的，甚至是被动的，客户打电话或者通过其他渠道把问题反映上来，工行才会去解决。而基于这个平台，每个客户经理都可以将自己的客户组建成一个群，这样大家可以在一个小范围内互相沟通，而且不受工作时间的限制。客户经理可以为客户提供全天候的、有针对性的服务。另外，在这个平台上，客户自己也可以组建彼此互动的群。

为什么工行要独自做一个类微信的即时通信平台，而不是借用微信？“这个平台上有很多金融行为在微信上是不能提供的，因为涉及安全和隐私问题。这个平台与微信的本质不同在于：微信是以聊天为主，附加支付功能；而我们这个平台是以金融服务为主，其中有一个菜单是聊天。”张颖解释道。

2014 年 4 月，工行推出了即时通信 1.0 版，客户现在接收到的工行信息，都是从这个平台上发出的。累计至 7 月中旬，这个平台已经汇集了 300 万左右的确认客户。与微信需要注册不同，这个即时通信只要用户拥有一张工行卡，就被认为自动拥有这个功能，只不过需要客户单方面确认是否同意加入这个功能。

融 e 购

为什么要做？

融 e 购电子商务平台，按照姜建清的说法，是工行的一个“跨界”之举。

“没办法，银行需要掌握客户的商务信息。但是一些第三方支付公司不把这些信息共享给我们，这就给我们带来了风险。”

为了规避风险，工行决定涉足这个不熟悉的行业。2014 年 1 月 12 日，融 e 购 B2C 平台上线。

“我们做这个平台，宗旨与其他电商完全不同，我们没有商业利益诉求，只是想通过这个平台把我们的企业客户和个人客户连接起来，营造一个商业生态圈。我们关心的是由这个平台双边交易带来的支付、融资和其他信息，”工行电子银行部副总经理、融 e 购负责人张立军说，“在这个平台上交易，就必须支付，支付后无论是商家还是消费者都有可能产生融资需求。而我们在后台利用大数据分析对客户的授信都事先评定好了，一旦产生需求，融资能马上到位。另外，通过这个商务平台，我们能捕捉到客户的消费习惯信息，因此，这里又成为我们获得大数据的一个信息节点。一句话，我们是借助互联网思维服务了我们工行整个生态圈。”

目前状态

截至 2014 年 6 月 25 日，融 e 购客户数达 436 万，总交易额接近 60 亿元人民币。融 e 购的目标是到 2014 年年底交易额达 150 亿，但姜建清认为“太少，要尽快实现 1 000 亿”。在姜建清看来，这不是苛刻的要求，“我们单笔交易的平均交易额是 2 000 元左右，大概是淘宝的 10 倍。如果能吸引我们 10%的客户前来购买，那就是一个很不小的规模了”。

融 e 购的单笔平均交易额之所以能达到 10 倍之高，在于工行采取了名商、名品、名店的“三名”定位。入驻融 e 购的企业，工行都要求是在行业排名前四五名之内的，而且对品牌知名度、电商经验和服务能力等方面均有较高要求。

对入驻商家提出这些要求，工行能成功招到商吗？张立军透露，融 e 购上线那天有 200 多个商家入驻，2014 年年底要扩充到 2 000 户。“现在想来的企业很多，但我们得严格按照条件筛选。”张立军说，比如，在与一些知名酒厂企业的交流中，他们就讲到“我们目前不缺贷款，最缺的是谁能帮我销售”，工行企业客户中有类似需求的不少，“这就要求银行由过去提供金融服务向提供‘销售＋金融’等综合服务转变”。

工行提供涉及销售的服务，对一些客户吸引力很大。比如贵州某知名化肥公司，听到工行上线电子商务时，马上决定要在融 e 购上开 B2C 直营店，试水线上直销模式，尽管它们一直以来都是渠道经销。

“由于线下渠道经销存在销售环节多、流程长、品质和价格难以保障等难题，我们也想做电子商务，但是，如果工行融 e 购没有上线，我们不会那么快的行动。我们对其他那些电子商务平台很不熟悉，也没想好怎么跟他们打交道。但对工行，我们比较了解。”这家公司的一位高层解释了首选融 e 购的原因。

这家公司 5 月在融 e 购上线，一个月销售额为 1 000 多万元。尽管这点销售额在这家公司数十亿的年销售额中不过九牛一毛，但是，这家公司还是很认真地在经营这个直销店，下一步，他们还将入驻 B2B 商城，希望能探索 B2C 与 B2B 相结合的经营模式。

“我们之所以决定在融 e 购认真投入，一方面是为了解决传统渠道的疾痼，探索销售新模式；另一方面也是想借助工行广布在乡镇的网点资源拓展市场。”这位高层说。

融 e 购吸引来的不仅有工行企业客户，还有非工行企业客户。乐视网就是后者之一，他们几乎在融 e 购上线时就入驻了。“我们入驻融 e 购，看中的是他们数量众多的优质客户资源，而且银行有非常准确的信息，让我们可以作精准营销。”乐视网市场负责人张静说。乐视网也入驻了京东等其他电子商务网站，在张静看来，现阶段融 e 购在流量上比不过那些网站，但“对融 e 购我们更看中其特殊的挖掘用户的手段，另外，它的平台定位也能帮我打造品牌”。

与其他电子商务不一样的做法

与其他非银行系电子商务企业不同，融 e 购诞生的过程，一方面强调尊重电商规律，另一方面也注重结合银行优势。

其他电子商务大都是靠价格取胜，但融 e 购的“三名”定位，强调的是“品质+信誉”，要实现商品品质、商户信誉与工行信誉的有机结合。这样的定位决定了它不能打价格战。那么，它还能怎样吸引消费者呢？张立军回答道：“我们做过调查，消费者的网购已经从之前的只看中价格、图便宜，慢慢向关注商品品质和商户信誉转变了，而已有的电商平台因为历史的原因，还很难在品牌上有一个飞跃，这就为像工行这样拥有大品牌，而且之前没有电商历史的企业留出了空档。”

融 e 购不一样的做法还在于，他们要在第一年就要实现五个结合：B2C 与 B2B 的结合、直营和代理的结合、金融与非金融的结合、PC 端与移动端的结合、境内业务和跨境业务的结合。

第一个结合将于 2014 年下半年开始。界时，随着工行 B2B 平台在融 e 购的上线，按照张立军的说法，融 e 购将变成“B2B2C 平台”。什么是 B2B2C？他举例，一家整车厂可以在这个平台上将车卖给经销商（B2B），而经销商又可以通过这个平台将车卖给个人（B2B2C）；或者，有些品牌商在这里直接开直营店（B2C），同时，又跟经销商一起（B2B）在这个平台上将货卖给个人（B2B2C）。“这个结合的目的，就是为了实现我们的供应链融资，”张立军说，“银行后台数据是通的，我们可以根据供应链的交易对经销商做贸易融资，也可以对最终消费者融资。当促进整个供应链有机运转后，包括企业、个人客户以及我们银行都能从中受益。”

B2C 与 B2B 的结合，直接引出了第二个结合的必要。企业既可以在这里直营，又可以引入自己的经销商或代理商。

金融与非金融的结合，是融 e 购商品的定位。金融是指银行的理财、基金、保险和贵金属等，非金融包括商品和服务，服务指民生缴费等。张立军认为这样的经营模式不仅能发挥银行优势，还能通过金融商品带动非金融商品销售，同时也能规避物流，“物流不是我们的强项”。

PC 端与移动端结合的意义则更大。现在所有的电商都在移动端大举发力，大有得移动端者得天下的势头。然而，至今谁也没有能胜出。因此，移动端对银行来说，也孕育着后来居上的机会。所以，尽管融 e 购推出才不过半年，但是手机端的融 e 购 APP 已经推出，iPad 端的融 e 购 APP 也即将推出。张立军说：“接下来，我们一方面要将 PC 端与移动端相结合，进行不断优化；另一方面要将 APP 与工行手机银行有机结合，推动移动端电商发展。”

融 e 购平台还打算利用工行在全球的资源，下半年拓展跨境电子商务市场，即境内客户可以在融 e 购上购买境外商品，而国内的商品也可以卖到国外市场。

互联网思维的渗透

姜建清对融 e 购的跨界之说，不仅指其跨到金融领域之外，还指其要“体现电商特色”。电商最大的特色就是客户体验至上，这与银行追求安全和稳妥存在巨大差异。

张立军是具有“跨界能力”的人，他加入工行时，做的是人力资源工作，后来又任工行团委书记，之后到电子银行主管客户服务。让他去做电子商务时，他自嘲“除了懂人外，其他一概不懂”。不过，他说自己一直是在以“店小二”的心态做电商，主动为客户服务。

对此，乐视网的张静很有体会。工行融 e 购曾几次主动找到他，帮乐视做内购专场，也就是针对工行大集团客户专门举办的电子商务营销活动，在这个活动中一天可以卖几百台乐视电视。在与工行的合作中，张静吃惊地感觉到,“工行对新模式的想法和探索劲头比其他银行都高,甚至比电子商务公司都高”。最近,张静与工行在探讨一个新的合作模式,“我本来根本没有想到用线下线上一体化的方式,是他们启发了我,并给我很好的资源支持”。因为工行的主动创新,张静计划跟融 e 购做更深入的合作。

融 e 购不可能仅靠一己之力去践行客户至上,还需要内部其他部门的配合,比如,它的客户海尔、TCL 等,早有自己成熟的电商订单系统和交易系统,在这些客户入驻时,就需要主动去适合他们的系统。可是,工行在系统研发上一般采取开放标准化接口,让别人挂靠的方式。要让这些成熟企业去挂靠工行,显然是不可能的。因此,这为研发部门带来了个性化的挑战。当然,与这个挑战一起到来的,还有由外向内不断渗透的互联网思维。

突破观念的行动

“在融 e 购,我们启用了大量年轻人,鼓励他们去做迭代创新开发,给他们搭建平台,鼓励他们去做很多尝试,出现问题再纠正。这在我们以往做法上是很少见的,以往,我们习惯追求稳妥,事情做得万无一失了,再推出来。”姜建清说。

不仅如此,融 e 购在对商家的引进上,也突破了工行的传统观念。他们可以实行“先引进,再评级”的策略。引进来的商家,做得好,就继续做,做不好就下架。而针对传统银行业务,张立军说:“一定要做过所有尽职调查,要鉴定企业为三 A 级后,才能引进。”

“融 e 购是我们应对互联网挑战的对策之一。通过这个平台,我们把资金流、物流和信息流整合在一起,这是一个跟过去商业银行模式完全不同的尝试。这个过程给了我们很多启示,在这方面我们还在探索。”说这话时,姜建清已经一脚踏进了互联网金融池子里。迎面他看到了一群正奔向他的、咄咄逼人的竞争对手。他将如何应对?

数字化重塑竞争力

资金本来就从银行体系出发，经过周转又回到了银行。因此银行本质上应该能掌握资金流、物流和信息流。如果我们能打通三流，并在其中充当信息中介，那么转化信息就能创造价值。我甚至预见有一天，我们从信息转化中获得的价值大于从事资金转化所获得的价值。那时候，我们就是真正的信息化银行了。

——姜建清

信息中介，在姜建清看来，是工行在互联网金融生态中最有能力充当的角色，也将成就工行抵御对手的差异化竞争力。那么，工行如何才能站到信息中介的位置上去呢?

他们一方面主动融入互联网金融，以打通三流，另一方面，按照姜建清的说法，就是“用大数据技术来创造信息竞争力”。为此，2013 年工行启动了“大公司”战略，2014 年启动了“大零售”战略、“大资管”战略和“大数据和信息化”战略。这些战略都是信息化银行战略在近两年的子战略。在被互联网思维逐渐渗透的过程中，工行通过落实这些子战略，以信息的视角对经营和管理模式进行再造。

启动“大零售”“大公司”战略，是要在面向个人和公司的客户端，以统一的客户视图来搜集、整合和处理信息，并将信息创造的价值以独具竞争力的方式回馈于客户。而与这些战略配套并行的“大资管”战略，则为“大零售”“大公司”提供炮弹——满足互联网生态中客户需求的金融理财产品。

“大零售”“大公司”战略的落实，促进了大数据的整合并丰富了大数据的来源。反过来，大数据的挖掘和分析，不仅提升了“大资管”创新产品的能力，也促进了“大零售”“大公司”战略的更深入落实。所以,“大数据和信息化”战略需要与其他战略齐头并进,互相形成良性促进。

信息创造价值最终要成为竞争力,离不开信贷风控的保驾护航。因此,工行首先利用大数据技术改进信贷风控模式,以使其在互联网金融生态中能继续充当强有力的保护神。

信贷风控

在互联网金融生态圈中,工行面对的客户大都是中小企业,甚至是小微企业。这些企业与工行之前客户大不相同,按照工行信贷管理部副总经理聂大志的说法,“这些企业的风险隐蔽性更大,其中关联交易带来的关联风险较难识别和防范”。

面对这些数量众多但规模不大的企业,互联网(企业)金融摸索出了一套采用大数据技术来控制风险的模式,其大数据来源于电子商务交易、社交网络等。

因此,姜建清要求工行相关部门,“要把互联网金融这一端的经验和银行现行的风控体系结合起来,利用大数据进一步加强我们现有的风控管理体系”。

工行信贷风控体系的雏形,是于2003年研发投产的法人信贷管理系统,以及于2006年投产的个人信贷管理系统。这两个系统分别以企业或者个人客户为中心、以业务流程为主线、以风险控制为重点,实现信贷业务实时操作、数据集中管理和风险统一控制。

“工行的风控不管是以前还是现在或未来,都是基于数据管理的,只是程度不同而已。一个企业到银行来办理信贷,主要经过评级和授信两个步骤,授信根据评级来定。靠什么给企业评级?靠数据。以前获得数据,要么通过财务报表,要么通过现场检查等。但现在能获得的数据更多了,以后会更多。”工行科技部副总经理张颖介绍。为了增加评级数据，工行已经有意识地通过“大零售”“大公司”和“大资管”战略，打破部门墙，整合散落在各业务系统中的数据，同时拓宽收集外部数据的渠道，侧重收集企业经营行为和结算等信息，并注意收集第三方数据，比如人民银行、工商局或者公安部的数据。

在这个风控体系内，工行于 2014 年成立总行的信贷监督中心。“信贷监督中心对工行客户信用风险进行集中、动态监控。它的主要目的是提前识别和预警风险。它远程通过系统数据挖掘、模型运算处理来实现风险的事前监控。”聂大志说。

这个中心的系统依据从各种渠道收集来的多维度客户信息，建立相关模型识别分析，把相关的风险点，比如资金链异常，甚至是法人个人行为的异常等，都提示给工行相关业务人员。比如系统从交易支付系统中得知一家企业三个月没缴水电费，那么，就会把这个信号传给客户经理去进行预警。这样的预警提示在贷款前、中、后都在进行，而且不需要去现场监测。

这种基于大数据的信用风控体系不仅用于信贷业务，还用于投资理财等其他业务。2014 年，当“大资管”战略开始落地时，工行将“大资管”相关业务管理系统与信贷管理系统对接，实现了信贷和代理投资业务的风险统一控制；同时，为了促进“大公司”与“大零售”战略的落实，工行也将法人信贷管理系统与个人信贷管理系统进行整合，以构建涵盖境内外法贷和个贷的全球信贷与代理投资管理系统，实现从个人信贷到法人信贷、表内业务到表外业务、境内机构到境外机构、信贷业务到代理投资业务一体化的信用风险管理。

截至 2014 年 6 月，这个系统的个贷部分已经在工行全面投产应用，境外机构的各种信用类业务经营，也在该系统中进行操作和管理，境内机构的法贷和信用类代理业务将于下半年投入试点应用。

“大资管”

工行“大资管”战略主要涉及资产管理、代客交易、市场分析、理财咨询和资产托管等业务领域。这些业务是工行中间业务收入来源的主要部分。利率市场化和金融市场开放的压力让几乎所有商业银行都把中间业务作为未来赖以生存的重要领域之一。因此，在工行信息化银行战略中，“大资管”成为重新整合的重点之一。

“资管业务模式与银行传统业务模式有着本质的区别，”工行资产业务总监陈晓燕说，“在资管业务中，客户把自己的权益委托给银行资管部门。因此，银行资管专业人员只能勤勉尽责地为客户创造价值，才有可能收取其中的管理费用。否则，资管业务的商业模式就构建不起来。”

工行2009年在各家商业银行中率先成立资产管理部。2014年，随着资管业务市场竞争者的增加，工行管理层果断制定“大资管”战略，旨在“把握大资管时代社会金融资产迁移、客户需求变化、监管改革要求和金融创新的走向，按照资产管理‘受人之托、代客理财’的本质属性和发展规律，构建覆盖全客户、投资全市场、创新全产品、开发全价值链的‘大资管’商业模式”，陈晓燕进一步解释。

工行之所以有能力实施“大资管”战略，关键在于它可以与“大零售”“大公司”和“大数据和信息化”战略交叉融合、互相促进。首先，“大零售”和“大公司”战略为“大资管”战略提供产品营销市场和渠道；其次，“大资管”通过产品和服务的提供，提高前两者客户营销的效果；最后，“大数据和信息化”战略可支持“大资管”业务实现产品快速创新、产品服务渠道精细化拓展和客户服务体验有的放矢的改善，以及风险管理和控制水平的提高。

例如，工行研发部门对相关业务产品进行梳理、分析后，按照模块化、组建化的设计理念，将各类业务产品的属性设计、构建为系统中的“零件”，业务人员可根据客户需求特点，基于这些“零件”，灵活快速地配置各类新产品。这套系统已经在“大资管”领域应用，相关业务人员因此能快速创新出满足客户需求的理财产品。

凭着这种组合化的理财业务模式，工行北京祥普支行行长李笑丰最近成功地将一家从事国际业务的企业转变成自己的客户。该企业从境外进口产品，并从外资银行购汇。由于企业从外资银行购汇比在中资银行便宜得多，因此，李笑丰曾经很想拿下该企业的业务但是无能为力。现在，李笑丰可以通过一系列理财产品组合，帮助该企业获得更多实惠。

原来企业若要向境外支付 100 万美元，那么必须通过等值人民币向外资银行购买 100 万美元之后汇出。但是凭借工行提供的理财业务组合，李笑丰说服企业把打算用来购汇的人民币先进行投资，比如购买 3 个月期限理财产品；然后，再以此理财产品做抵押向工行申请 3 个月的美元贷款，并当即将贷款所得的 100 万美元支付出去。由于人民币存款和美元贷款存在息差，3 个月后，企业可以用同期存入的 100 万美元等值人民币及其所产生的投资收益，归还工行 100 万美元贷款和期间的贷款利息。这套产品组合，通过人民币、美元利差进行跨币种存贷，不仅帮助企业节约了购汇成本还实现了利差交易盈利。不仅如此，李笑丰还利用远期结售汇[①]、货币掉期[②]等手段帮助企业规避了汇率波动风险。

之所以能打好这套组合套利拳，李笑丰说完全依托于工行“大资管”的规模优势，“只有能针对客户的综合需求设计提供组合产品，而且能实现境内外跨市场投资，才有可能产生规模优势”。

---

① 远期结售汇，是指与客户签订远期结售汇合约，约定将来办理结汇或售汇的外汇币种、金额、汇率和期限。到期外汇收入发生时，即按照远期结售汇合同订明的币种、金额、汇率办理结汇或售汇。作为一种新兴的金融工具，远期结售汇业务提供了规避外汇风险、锁定汇率成本的功能。通过办理该项业务，客户可在涉及外汇资金的投资、融资以及国际结算等经营活动中实现避险保值的目的。

② 调期，一般是指在出售某种即期货币的同时买入该货币的远期。就是即期卖出甲货币，买入乙货币；同时又远期卖出乙货币，买入甲货币。外汇调期是锁定汇率风险、固定债务成本的有效手段之一。

“大零售”

像所有商业银行一样,工行的零售也是站在工行的角度,向个人消费者提供金融服务。但是,按照工行个人金融业务部(简称“个金部”)副总经理任西明的说法,“大零售”的概念则与零售的概念完全不同,“大零售”是要站在客户的角度,根据客户需求提供服务,“这是互联网思维启发我们的结果”。

因此,任西明说:“在‘大零售’战略下,工行突破了金融服务的范畴,把金融与非金融服务有机结合起来。围绕着客户的衣、食、住、行、游、乐、购,一方面提供金融服务,另一方面提供结算、支付等服务。比如为客户提供缴费服务,提供银医一卡通服务①等。”

另外,根据任西明所说,在“大零售”战略下,工行将不再局限于只关注自己的客户,而是要“跨界”关注并服务非工行客户。

在“大零售”战略中,工行2014年建立了统一的客户视图,即通过对个人客户信息系统和营销管理系统的整合升级,将客户在工行的所有信息都汇总到一个客户名下。这样,一方面能有效防范信用风险,另一方面可以对客户进行精准服务和营销。比如客户在工行网点叫号机上刷卡后,就会出来一张排队凭条,上面用记号显示了客户类型和客户持有的产品信息。这样银行大堂的业务人员和柜员可以在第一时间读到这些信息,并对客户进行有针对性的需求探寻和产品营销。

显然,“大零售”要实现业务和客户的“跨界”,背后需要一系列其他战略的支持,比如要针对客户需求定制理财产品时,就需要“大资管”的产品支持,而要满足各种客户的金融、非金融需求并提升客户体验时,就需要“大数据和

① 银医一卡通服务将银行的信息系统与医院的信息系统进行连接,依托银行自助终端、网上银行、电话银行等渠道,为医院及患者提供的一揽子医疗服务解决方案。银医卡既是患者在医院挂号就诊和医疗结算的服务介质,也是医院系统信息化建设的主要载体,它不仅具有银行卡的金融结算功能,还具有挂号、缴费、就诊、充值、打单、退费等医疗服务功能。

信息化”战略下所开发出的互联网金融平台的支持。另外,在工行基于大数据的信用风控体系的支撑下,“大零售”体系还能为客户提供逸贷和无抵押小商户信贷等便利贷款产品。

“大零售”战略是由工行的零售金融业务推进委员会来协调推动的,这个委员会的主任委员由工行行长易会满担任,成员来自包括资产管理部、公司部、贵金属部等20多个其他业务部门,由个金部牵头。

在“大零售”框架下,个金部是客户营销部门,银行卡、私人银行、贵金属、资产管理等其他部门都将以提供产品为主。

作为这个战略的重要举措之一,工行在全国80多家分支机构开展“零售业务率先发展改革”试点工作,以大零售战略为指导,探索零售业务发展新模式。对于这些试点机构,零售金融业务推进委员会给予了一定的创新空间和自由度。“这些自由度曾经让工行总部相关部门非常吃惊和担忧,但是我们以变革的理由说服了他们,从而保证了试点行能在一个相对宽松的环境下大胆创新。”工行个金部一位处长说。

“大公司”

工行“大公司”的概念最初来源于客户需求的变化。首先,大型公司客户跨省、跨国经营渐趋普遍,由此,母子公司之间、子公司与子公司之间的联动需求增加,原来工行各分行只服务集团客户在当地子公司的方式不再适合;同时,随着公司客户融资渠道逐步拓宽、财务和资金的集约化管理不断加强、员工管理与服务渐渐完善,客户需要的不仅是信贷,还需要投资银行、现金管理、企业年金管理等金融服务,实际上,“大资管”的一些业务也来源于这类需求;另外,随着企业对供应链整体实力的重视,供应链金融愈发成为企业重要的金融服务需求。

所有这些需求的变化,让工行不得不用“大公司”战略来改变原来的对公业务模式。

所谓的“大公司”战略，工行公司金融业务部(以下简称“公司部”)副总经理熊燕解释道：“就是根据不同类别客户的不同金融服务需求，通过‘客户经理+产品经理+服务方案’模式，通过全产品、全过程、全链条营销，通过线上线下渠道，为大型、中型和小型公司客户提供境内外、本外币一揽子的综合化金融服务。”因此，她强调指出：“‘大公司’的核心就是联动。”

与“大零售”一样，推动“大公司”联动的也是总行最高级的公司金融业务推进委员会，这个委员会的主任委员同样是易会满。总行40个部门中有29个是这个委员会的成员，由公司部负责具体落实。

公司部横向联动各产品部门，满足客户多样化的金融需求；纵向联动境内外分支机构，向客户提供跨地域的金融服务。公司部还专门针对跨地域联动建立了覆盖全部分支机构的联动联系人网络，通过微信等方式让联动业务相关人员可以实时进行联系，随时更新信息，保持密切沟通，协调推进联动服务。

2014年，公私业务联动是“大公司”和“大零售”联动的一个重点。公司部的人去见重点大客户时，带上个金部的人员；而个金部的人去见企业高管个人客户时，也向他推介公司业务。为了鼓励这种行为，工行还把公私联动的相关指标放进考核内容中。在李笑丰的网点，如果员工成功营销非本岗位的业务，则会得到比标准高一倍的奖金，“我就是这样来鼓励公私联动的”，李笑丰说。

2013年年底，像“大零售”一样，在系统层面，工行重新打造了支撑“大公司”发展的“公司与法人客户营销系统”，也是统一了客户视图，比如对于中石油集团，可以将其分散在工行各个业务系统、各分支机构中的信息全部整合进这个客户视图下，形成关于这个客户的全数据，并通过大数据挖掘如何更好地服务客户。

尽管工行所有战略都在像这样互相促进中推进着，然而，非金融企业的互联网“搅局”动作却越来越猛烈，他们在移动支付领域，正竞相跑马圈地，比如 2014 年 5 月，支付宝推出“未来医院”计划，将原本在医院内进行的挂号、付款、划价转移到支付宝平台上进行；2014 年 8 月，腾讯与中石化签订合作框架，双方将在移动支付、O2O 业务、地图导航、大数据应用于交叉营销等领域开展合作……

不过，姜建清对此却似乎并不着急：“有时候我也在静静思考，银杏树可以活一千年、龟活两百年，都是因为慢。在元素周期表中，最不活跃的元素存在时间最长。我们这个行业也有三千年历史了，慢一点生长也许有好处。所以，尽管我们在改变自己，但是我们不要过分亢奋，还要留时间观察，去掉那些不稳定因素，把好的东西结合起来，变成稳定的、常态的东西。”

在互联网生态圈中，姜建清正以这样的心态，迎战小他好几轮的、虎视眈眈的“搅局”对手。一边沉稳、一边激进，谁能活得更久？

点评1

“一体两翼”应对互联网金融黑天鹅的挑战

劳帼龄*

在不确定性成为“常态”的时代下，看似严峻的互联网金融“狼来了”的风险，有些沉重的银行体系“重构”话题，更为艰难的以信息视角“再造”银行经营管理模式，众多的理论、夹杂着纷繁的事件、无数的条线，都被艺术地设计在了这篇《数字化时代的中国工商银行》案例中了，整个案例呈现出清晰的“一体两翼”格局。

首先，“一体”。置身行业变局中的企业，如何有效预见不确定性，如何抵御“黑天鹅”所带来的威胁，如何解决信息不对称问题，这是这篇案例设计的主要理论落脚点，也是这篇案例的主体。

黑天鹅指不可预测的重大稀有事件，它在意料之外却又改变一切。2007年，纽约大学金融工程教授塔勒布的《黑天鹅》一书，一经推出震惊全球。塔勒布认为，黑天鹅效应具有三大特征：一是意外性；二会产生极端效应；三尽管具有意外性，但或多或少还是可解释或是可预测的。案例清晰地告诉我们，对金融企业来说，互联网金融就是那个黑天鹅，产生的极端效应就是使银行传统业务受到极大挑战，但同时这样的“意外”的产生也是有其原因的，因为“商业银行传统的思维模式和金融惯性太强大了”。

由三位美国经济学家——约瑟夫·斯蒂格利茨、乔治·阿克尔洛夫和迈克尔·斯彭斯，联合提出的信息不对称理论认为，在市场经济活动中，各类人员对有关信息的了解是有差异的，掌握信息比较充分的人员往往处于比较有利的地位，而信息贫乏的人员则处于比较不利的地位。如果不能解决信息不

---

* 劳帼龄，博士，上海财经大学商学院副教授，电子商务中心主任。

对称问题，就容易产生柠檬市场，即次品市场。案例清晰地告诉我们，传统金融市场的信息不对称由来已久，尤其存在于银行对中小微企业的服务中；当互联网金融黑天鹅从支付、清算端发起颠覆式挑战时，又加剧了传统金融机构在思路、操作方式层面的信息不对称；同时，互联网金融黑天鹅虽然带来了促进金融创新的积极效应，但同时也带来产生金融风险的负面影响，有可能导致金融产品的柠檬市场。

互联网技术的发展引发了金融行业的变革，而这种变革的方向又充满了不确定性，互联网金融的挑战更是让金融行业的未来发展模式充满了不确定性。因此，尽早预见不确定性、沉着应对“黑天鹅”挑战、努力解决信息不对称问题，这是置身不确定性中的工行管理者不得不思考的问题。纵观案例，将信息化渗透到业务层面，落实银行信息化战略；以自主研发、长期部署的信息系统预见并应对互联网金融的变数；从银行信息化转型信息化银行，站在客户和市场的角度以信息化视角重构业务模式和商业模式。整个案例以巧妙设计的三部曲将中国工商银行逆袭互联网金融的战略决策思路和行动过程分析、应对不确定性挑战的方法，清晰地提炼和展现在我们面前。

其次，“两翼”。除了上面这条以互联网思维的战略洞见来应对不确定性的主线，案例中还给出了一条企业信息化之路的清晰梳理，撑起了案例两翼中的一翼。30 年的信息化建设，业务系统的三次进化，形成的四代系统，工行的信息化之路，既可以引发对于信息系统的开发是自建还是外包的讨论，也是对信息化推动工业化（业务自动化）这一极具中国特色的信息化理论的验证。但更重要的是，案例描述的工行近年来的努力揭示了传统信息化理论所面临的挑战，从基于内部朝外看，只是把业务用数字化方式去呈现，到如今由外而内的变革挑战，案例提出的工行从“银行信息化”到“信息化银行”的战略转型，不仅仅只是词语顺序的简单变化，而是可以引发信息化理论变革的深层次思考和讨论。从这条线来看，这篇案例还是一篇极佳的信息化案例。

再次，一条由纵向——多年积累的大数据，到横向——各业务各部门的全数据，进行内外360度数据整合应用的大数据应用之线，构成了案例两翼中的另一翼。伴随2013年牛津教授舍恩伯格《大数据时代》一书的风靡，大数据一词频繁出现在各种场合。但人们往往只是热衷于数据之大，却忽视了数据之厚、数据之全；只是津津乐道于网上点击、评论能创造出海量数据，却忽视了对于多年信息化系统中积累的业务数据金矿的挖掘。案例借工行的实践清晰的表达了"做大数据分析需要长期规划"，"玩大数据，就是要拿全数据来进行分析"，"要强化结构化数据对业务运营的支持"，"要提高非结构化数据的收集和分析能力"，"要消除信息碎片实现整合推进"等非常重要的大数据应用原则。从这样的数据"厚""全""长期"应用来看，这又是一篇不可多得的大数据应用案例。

这几年，面对互联网金融黑天鹅的出现，"狼来了"的惊呼不断，但不少的案例只是把"狼来了"的故事简单复述一遍。本案例却以中国工商银行的数字化建设之路告诉我们，以改变传统思维模式为主体，以信息化积累和大数据应用为两翼，振翅应对挑战，不仅可以把握黑天鹅带来的机会，更能"主动融入互联网金融"，借"数字化重塑竞争力"。

最后，不得不提的是案例的结尾，在这个一味追求快的时代，案例却借姜建清之口，用银杏和神龟的"慢"但"长久"，提醒管理者不妨去掉些冗奋，多留下些常态和持久的东西。管理者应该如此，对我们这些常年与管理者打交道的商学院教授来说，又何尝不应该如此呢？

点评 2

从互联网银行到互联网金融的蜕变

徐　鼎*

毫无疑问，中国工商银行目前已经是世界上最大的互联网银行。自2000年开始，工商银行就建立了以网上银行为主体的电子银行体系，现有电子银行客户4.65亿户，其中网上银行客户1.93亿户，以互联网业务为主的电子银行业务占全行业务的比重达87%。

案例的第三部分（“数字化重塑竞争力”）揭示了中国工商银行掌舵人姜建清董事长发展互联网金融的战略思考：“如果我们能打通三流，并在其中充当信息中介，那么转化信息就能创造价值。我甚至预见有一天，我们从信息转化中获得的价值大于从事资金转化所获得的价值。那时候，我们就是真正的信息化银行了。”随着互联网技术的飞速发展，中国工商银行从互联网银行到互联网金融的蜕变已然开始。

1. 中国工商银行数字化之路

面对互联网金融逆袭，姜建清董事长选择以变应变，建设e-ICBC。为了使商品流、资金流和信息流“三流合一”，中国工商银行这艘巨轮一直在与时间赛跑：2014年8月29日，姜建清董事长在北京召开中国工商银行互联网金融服务营销动员会；2015年3月23日，姜建清董事长在北京召开中国工商银行互联网金融产品发布会，中国工商银行成为国内第一家发布互联网金融品牌的银行，对于整个互联网金融业态来说具有划时代的意义。

中国工商银行通过加快互联网与金融的融合创新，用时不足一年搭建了较为完备的互联网金融服务和运营体系，推出“融e购”电商平台、“融e联”

---

* 徐鼎，中欧国际工商学院EMBA2009级学员，中国工商银行私人银行部产品三部总经理。

即时通讯平台和“融e行”直销银行平台三大平台，支付、融资和投资理财三大产品线，以及高效协同、无缝对接的线上线下一体化服务体系。至此，中国工商银行e-ICBC大厦初现端倪。记得多年前，姜建清董事长曾经对软银集团孙正义总裁说过“中国工商银行将成为世界上最大的互联网企业”，其决心之大、气魄之大可见一斑。

2. “互联网+”的“金融”回归

谈到互联网金融，无法回避一个问题，从日本乐天到阿里，为什么超级电商平台都要做金融？首先是因为网络金融和电商具有天然的联系，电商平台以及平台上积累的大量真实的交易数据为其打造网络金融业务提供了得天独厚的优势；其次是因为互联网金融的本质还是“金融”，是为客户提供更具效率、更富价值的金融服务。互联网企业和银行在互联网金融战略博弈上，最终将殊途同归，回归“金融”本质，当下P2P和众筹模式的异军突起就是最好证明。

伴随着中国工商银行“大数据和信息化”的互联网+的战略推进，也促使我们对银行的服务功能加以重新审视。其内涵包括：一是数据挖掘技术改变了过去海量交易导致的信息局部化、碎片化、分散化，真正意义上使银行“以客户为中心”成为可能，原来传统银行只能提供相对标准化服务，需要客户满足银行制定的标准，今后客户可以提出更多个性化、差异化需求；二是基于客户、商户和银行互动的互联网生态系统生成，银行提供一站式跨专业联动服务成为可能，在服务上实现对公对私一体化、投融资一体化、境内外一体化，业务发起可以来自客户的任何一点需求；三是随着互联网金融发展战略的演进，银行经营模式可能会发生巨大变革，未来银行的收益来源可能会更多来自信息服务，而不是单纯依赖资金服务，智能金融服务将成为未来银行发展重点。

3. 重塑竞争力并非坦途

进入数字化时代，中国工商银行重塑竞争力面临的机遇与挑战也是空前的。

第一，银行现有的公司治理结构是否容忍经营模式的重构？银行过去在网点资源、人员结构、管理手段、盈利模式等方面投入巨大，未来如何面对这种经营转型？

第二，从资源配置的角度，银行可能无法承担搭建社会信用体系的所有投入，通过全社会统一视图来评价客户的互联网生态系统的理想状态可能很长时间内无法实现。

第三，面对国内互联网金融的野蛮生长，银行需要应对监管、风险、社会责任等众多难题，又常常处在社会舆论的风口，这种情况该如何应对？

第四，“大零售”“大公司”“大资管”的提出至少目前不能排除新瓶装老酒的担忧，按照互联网思维，银行专业分工、业务流程可能都会发生根本性变化。

第五，不同银行具有不同的战略定位(如全能银行或零售银行)，其运用互联网技术的手段和侧重点也会不同，工商银行作为超级大行如何处理“破”与“立”的关系？

因此，中国工商银行的互联网金融之路刚刚开始，我们充满期待。

附录 7-1：姜建清简历

1970 年，17 岁的姜建清到江西农村务农，后来又到河南一个煤矿工作了三年。

1979 年，他回到上海，进入银行做柜员。

1984 年，他从上海财经大学毕业，此后又相继在上海交通大学攻读硕士和博士研究生，并获得了硕士和博士学位。此外，他还在美国哥伦比亚大学进修过。姜建清不仅具有丰富的金融工作经验，而且对金融理论也很有研究，发表过大量学术文章和著作。

1993 年，姜建清任中国工商银行上海市分行副行长。

1995 年，任上海城市合作银行行长。

1997 年 6 月，任中国工商银行上海市分行行长。

1999 年 7 月，任中国工商银行党委副书记、副行长。

2000 年 2 月，任中国工商银行党委书记、行长。

2005 年 10 月，中国工商银行股份有限公司成立，姜建清任党委书记、董事长。

中共第十六届、十七届、十八届中央委员会候补委员。

附录 7-2：中国工商银行信息化运营管理系统演变

系统	核心业务系统 以客户为中心	CB2000 系统 综合柜员	NOVA 系统 数据集中处理	NOVA+系统 国际化、综合化
特点	从手工到自动化 支持传统柜台服务	统一账务核算 资金汇划清算 7×24 小时业务服务	多渠道支持 客户信息集中 经营管理 风险管理 决策支持	核算相对独立 产品快速创新 管理信息大集中 全面风险管理 合理划分层次及灵活、松耦合的应用体系
阶段	第一代 1985—1998 年	第二代 1999—2002 年	第三代 2003—2008 年	第四代 2009 年至今

1999—2001 年
1999 年 9 月数据大集中工程正式启动。
解决计算机 2000 问题。
2000 年 10 月中国工商银行综合业务系统（CB2000）对公子系统投产成功。

2002 年
CB2000 二期工程投产成功。

2003—2005 年
2003 年 12 月 18 日推出个人网上银行品牌金融@家。
全功能银行系统（NOVA V1.0-2.0）在全行业投产成功。

2006 年
核心应用重构工程投产成功。
完成个人信贷管理系统（PCM2003）推广。

2007—2008 年
境外机构综合业务处理系统（FOVA）投产。
网银重构项目在全行顺利投产。
启动“1031”工程建设。

2009 年
第四代应用系统 NOVA+1.0.0 版本投产。
推出 3G 手机银行。

2010 年
顺利完成八大平台建设。
FOVA 系统加快推广。

2011—2013 年
启动“十二五”应用规划。
中心服务综合化，承担生产维护职能。

资料来源：中国工商银行。

附录 7-3：互联网金融的主要特征及其对应的细分业态

业务特征	细分业态		企业/产品举例
通过新技术挖掘客户信息并管理信用风险	金融产品比价搜索		融 360、好贷网、我爱卡、银率网
	电商平台 贷款主体信用评估		阿里小贷、京东京保贝、京东白条
	第三方信用评估		安融惠众(网贷征信) 金银岛、金电联行(供应链融资征信)
以点对点直接交易为基础进行金融资源配置	P2P 贷款		温州贷、盛融在线、翼龙贷、红岭创投、陆金所、拍拍贷、宜信
	众筹融资		点名时间、天使汇、众筹网、追梦网、淘宝星愿
以第三方支付为基础的资金转移	移动支付	产品	支付宝钱包、微信支付、壹钱包、网银钱包、工银 e 支付
		技术	声波支付、扫码支付、NFC 支付、密码支付
	第三方账户余额支付		支付宝、财付通、银联在线
	网银通道支付		微信支付、支付宝钱包
	P2P 资金托管		汇付天下、易宝支付

资料来源：中小 banks 研究会：《工商银行解析央行首论互联网金融报告》(2014 年 7 月 21 日)，中国支付网，http://paynews.net/portal.php?mod=view&aid=27129，最后浏览日期：2015 年 11 月 4 日。

附录 7-4：中国现行银行监管指标体系

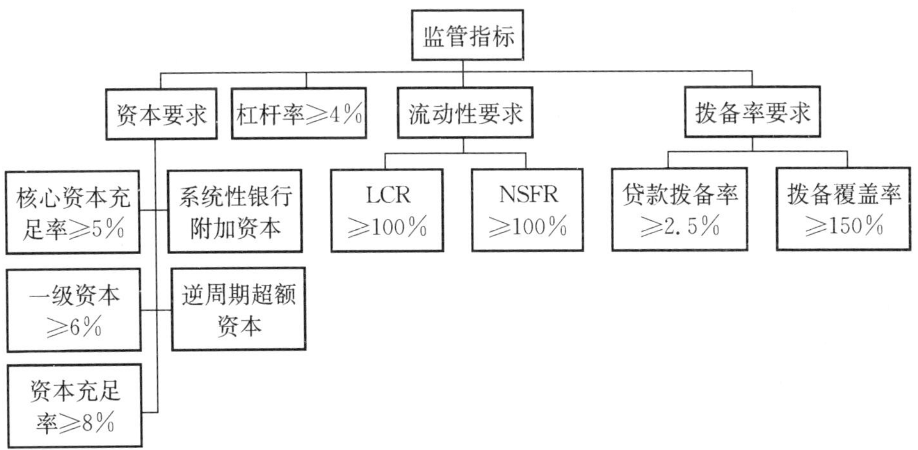

资料来源：赵锡军：《中国商业银行新监管指标分析》(2011 年 6 月 29 日)，中国金融四十人论坛网，http://www.cf40.org.cn/plus/view.php?aid=4119，最后浏览日期：2015 年 11 月 4 日。

后　记

岁月流动中的案例迭代

中欧国际工商学院管理学教授　朱晓明博士

本书的每个案例，从立题拟纲、走访调研、取材精析到动笔撰文，我们把目光几乎都投向新商业模式、新科学技术。不过，纵然案例再新也锁不住岁月流动中的事与势的快速变迁。

一年前我们编撰了案例《阿里：十年金融路》，很受学生欢迎。今年备课，我预感到似乎还应当做点什么。于是我们想到了可以依据一财、蚂蚁金服官网上的50余条新闻（见附录1），尝试师生共撰《蚂蚁：一年金服途》的提纲，作为《阿里：十年金融路》的续篇①。

2015年10月24日给EMBA上课时，我请两位同学分享了他们在课前完成的案例提纲，而我在讲义上也刊印了一份提前撰写好的案例提纲（见附录2）。这个尝试让我们感受到了一次别开生面、案例迭代的创新体验。

---

① 《阿里：十年金融路》作为案例教育是得到阿里巴巴集团授权的，而《蚂蚁：一年金服途》尚未展开详尽的调研和取得蚂蚁金服的授权，所以编写《蚂蚁：一年金服途》提纲的依据是"蚂蚁金服"成立一年来（2014年10月16日—2015年10月16日）其官方网站与一财所披露51条信息的。

其实，我们并不满足于此，在这堂课上，我们把一周前（10 月 16 日）蚂蚁金服在上海发布的“蚂蚁金融云”的核心内容以 10 张 PPT（包括图片、曲线、视频）的形式在课堂上与同学做了分享，其内容为：（1）“蚂蚁金融云”将以分布式事务、分布式数据源、分布式消息、分布式调度、分布式服务注册等方式为中小企业提供快捷的云计算服务；（2）蚂蚁金服受 3D 打印机可以轻松地打印个性化物件的启迪，探索用“组件化”为中小企业制作个性化的金融应用软件（APPs）。这一分享让师生共同深思：在互联网金融风行的今天，蚂蚁金服为什么把“云”当作与传统金融机构、互联网金融机构进行差异化竞争的更深层次的核心能力；这一分享也让师生对案例迭代有纵深感、即时感、现场感、续思感。

在课程结束的四天后（10 月 28 日），中国新闻网报道，全球科技公司举办云计算奥运会，阿里云只用了 377 秒排序了 100TB 的数据量，这一速度获得了全球冠军。技术竞争的快速迭代为教授案例教育的快速迭代，带来了挑战，也带来了机遇。

尼古拉斯·卡尔（Nicholas Carr）在他的著作《IT 不再重要》（*The Big Switch*）的后记中有这么一段话：“所有的技术变革都是涉及两代人的变革，一种新技术的全部力量和后果，要等经历过它的第二代人长大成人并开始将落伍的父母挤到一边时，才完全释放出来……技术的进步就是这样逐步发展的，总是造成一种假象，好像我们今天的进步是理所当然的……”

不过商学院的案例迭代，也许不应以年代来计算“代”，而应以年度来计算“代”。岁月流动中的事与势，远远比我们想象的快得多。

后记·附录1

2014—2015年阿里巴巴、蚂蚁金服新闻汇总[①]

一、2014年度

1. 10月16日　蚂蚁金服成立
2. 10月27日　余额宝用户增至1.49亿人
3. 11月20日　广州市首次试点支付宝入驻医保支付
4. 12月2日　支付宝对外宣布上线海外交通卡服务
5. 12月9日　保监会批复首个小贷资产支持计划，蚂蚁金服试水小额贷款
6. 12月10日　支付宝获得苹果移动指纹支付开放接口
7. 12月19日　港股上市公司中国支付通与支付宝达成合作，在亚洲地区推广支付宝钱包当面付业务

二、2015年度

8. 1月26日　支付宝上线红包功能
9. 1月28日　芝麻信用正式公测，布局个人征信市场
10. 2月10日　阿里正式将小贷业务划至蚂蚁金服
11. 2月12日　蚂蚁金服入股德邦基金
12. 2月26日　韩国金融监督院批准支付宝与韩国韩亚银行合作推出针对在韩中国游客开展支付服务
13. 3月31日　支付宝推“城市服务”（包括婚姻登记、缴费、出入境查询等各类城市服务）
14. 4月8日　芝麻信用首次接入消费金融
15. 4月8日　阿里影业整合娱乐宝与淘宝电影，拟建互联网娱乐平台
16. 4月9日　蚂蚁金服推出“淘金100”大数据选股渐成风潮
17. 4月12日　阿里云美国硅谷数据中心投入试运营，标志着中国云计算企业开始全球布局

---

① 资料来源：第一财经、蚂蚁金服官网报道。

18. 4月13日 蚂蚁金服、绿地集团、平安陆金所共同发布首款互联网地产金融产品："绿地地产宝"

19. 4月24日 蚂蚁金服斥资2亿控股数米基金，发力基金销售业务

20. 5月5日 招财宝平台累计成交金额超过1 000亿元

21. 5月11日 招财宝引入东方资产管理公司，合作在投融资综合金融服务、增信服务、信用评级、投资平台业务等方面展开

22. 5月19日 蚂蚁金服上线股权众筹平台"蚂蚁达客"

23. 5月20日 百合网引入芝麻信用：相亲进入"信用婚恋"时代

24. 5月27日 支付宝杭州萧山光纤被挖断

25. 6月2日 芝麻信用与融360建立数据上的战略合作，力争线上征信市场

26. 6月4日 芝麻信用可申请新加坡和卢森堡签证

27. 6月8日 蚂蚁金服收购浙江融信，间接持股恒生电子20.62%

28. 6月8日 蚂蚁金服联手第一财经，英凡研究院成立

29. 6月16日 上海机场集团与蚂蚁金服正式签署战略合作框架协议，用支付宝钱包就能一站式登机

30. 6月18日 全国社保基金投资蚂蚁金服占股5%

31. 6月23日 阿里巴巴、蚂蚁金服合资60亿元成立口碑网

32. 6月25日 互联网民营银行——浙江网商银行开业

33. 6月30日 移动互联网金融公司掌众金融宣布旗下闪电借款与芝麻信用达成战略合作，加快个人征信市场布局

34. 6月30日 线下13万家店铺可刷支付宝

35. 7月1日 支付宝与肯德基结盟，接入支付宝支付

36. 7月2日 蚂蚁小贷发放首笔面向农户纯信用贷款

37. 7月3日 蚂蚁金服完成首轮融资，马云持股约7%

38. 7月8日 支付宝发布9.0版本，新增"商家"和"朋友"功能

39. 7月24日 蚂蚁金服旗下"花呗"与亚马逊、大众点评等40多家互联网购物平台合作，都已支持蚂蚁花呗付款

40. 7月31日 支付宝钱包将于7月底开通炒股功能，用户可以利用余额宝的资金直接购买股票

41. 8月7日 南方电网携手蚂蚁金服和阿里云，打造"互联网+"城市电网服务

42. 8月11日 蚂蚁金服领投大学生分期购物商城"趣分期"

43. 8月27日 东方网与蚂蚁金服签约开展城市民生服务建设合作

44. 8月31日 蚂蚁金服发布独立理财平台蚂蚁聚宝

45. 9月10日 中国邮政集团入股蚂蚁金服

46. 9月16日 芝麻信用750分可走首都机场专用通道

47. 9月18日 蚂蚁金服12亿元控股国泰产险

48. 10月14日 蚂蚁金服(支付宝)正式启用实时保

49. 10月15日 蚂蚁金服战略入股36氪

50. 10月16日 蚂蚁金服推出"备付金" 透明监管项目

51. 10月16日 蚂蚁金服推出"互联网推进器"计划，正式开放金融云

后记 · 附录 2

蚂 蚁 : 一 年 金 服 途(案例提纲)

中欧国际工商学院管理学教授　朱晓明博士

一、导语

唐代诗人贾岛有一句名言"十年磨一剑",而 2014 年中欧案例《阿里: 十年金融路》叙述了阿里巴巴十年中铸就了金融创新的七把剑——"七剑战略"。这个故事没有终结,2014 年 10 月"蚂蚁金服"成立了。整整一年来,无数媒体报道了这个新闻。期间第一财经与"蚂蚁金服"官网发布了 51 条信息,粗绘了蚂蚁的"一年金服途"。

二、夙夜匪懈的蚂蚁

1. 益民服务: 支付宝入驻医保支付;支付宝推婚姻登记、缴费、出入境查询、申请新加坡和卢森堡签证;支付宝钱包助上海机场一站式登机;支付宝与东方网展开合作。

2. 国际服务: 支付宝上线海外交通服务;与港股中国支付通合作在亚洲地区推当面付业务;获准在韩国为中国游客开展支付服务。

3. 服务纵横: 支付宝上线红包;娱乐宝与淘宝电影合建互联网娱乐平台;招财宝累计成交 3500 亿元;蚂蚁金服发布独立理财平台蚂蚁聚宝。

4. 服务合作: 蚂蚁金服入股天弘基金、德邦基金;联合民企成立浙江网商银行,入股国泰产险。

5. 服务创新: 蚂蚁金服推出"淘金 100",大数据选股渐成风潮;支付宝获得苹果移动指纹支付开放接口;旨在建立金融服务的联结、风控功能。

菜鸟、芝麻、蚂蚁,都是人世间最普通、最渺小的事物,不过蚂蚁的精神是最可贵的,它的五个服务体现出了夙夜匪懈、不厌其烦的团队合作精神,这几乎就是众志成城、众擎易举的代名词。

三、大步流星的金服

1. 走向创新中心: 蚂蚁金融云是目前最成熟的云计算金融应用,支持了第一家完全建立在云上的银行网商银行,支持了众安保险基于场景的保险创新,众安保险保单占全行业一半,需要金融云的高效支持;支付宝光纤在施工时被意外挖断,但业务旋即恢复,彰显蚂蚁技术创新。

2. 走向全球 :阿里云是中国企业在美国硅谷建立的首个云服务中心,Alipay+将支付宝服务推向全球,包括美国、澳大利亚、印度等。

3. 走向合作共赢:与200余家金融机构建立合作关系;联手第一财经成立英凡研究院;携手南方电网打造城市电网服务。

4. 走向普惠金融:余额宝1.8亿用户,人均4 000多元钱,招财宝100块钱就能投资,享受理财的小确幸;阿里将小贷业务划至蚂蚁金服;出资60亿成立口碑网;蚂蚁小贷首发面向农户的纯信用贷款。

5. 走向合法合规:芝麻信用首次接入消费金融;按照银行三会牌照管理制度,比如收购数米基金网获得基金代销牌照等。

蚂蚁金服的五个走向,体现了它大步流星地推进金融创新的决心。众所周知,信用是金融服务规范的起点,《非银行支付机构网络支付业务管理办法(征求意见稿)》出台后,蚂蚁金服与"疯狂增长"的互联网金融企业都将面临着合法合规的历练和考验。

四、结语

科技是中性的,但人性有善恶,互联网让"善"的贡献度发扬光大,同时也会让"恶"的破坏力放大泛滥。当下,寻求金融创新的发展与治理的平衡,已经刻不容缓地向整个金融界发出叩问。无序将会变得有序,向贵金融将会转向普惠金融,盈利至上将会铭记服务至上。从阿里巴巴脱胎而来的蚂蚁刚满一岁,却建树颇丰,它大步流星、步伐健硕。在挑战与机遇交织的未来中,也许它色彩斑斓,也许它偶显苍淡。作为互联网金融的蚂蚁金服,"坚守金融属性,追求金融软件的可靠性与一致性应对高并发"。初心不变,方得始终,放眼望去,它就在非凡的征途中。

鸣　谢

李铭俊、佩德罗·雷诺、丁　远、张维炯、许定波、周雪林；

梁　能、许雷平、胡峙峰、宋彦博、倪英子、朱　琼、任铁凡、季宸东、李　杨、柳　飞；

范小军、叶巍岭、董　明、许淑君、李玉刚、俞秀宝、劳帼龄、王理平、何佳讯；

连敏玲、孙子奎、徐　强、李　源、张博凡、赵志刚、徐　鼎、李天军、沈建芳；

陈杰平、苏锡嘉、赵筱蕾、赖卫东、毛竹晨、王庆江、傅丹阳、张　琳；

熊　磊、李逸石、杨小平、王　琦、李振华、周　频、唐　雯；

曹雪会、黄成彦、朱叶子、施天瑜、肖颖君、徐建敏、姜浚哲、张　羽、范晶晶、马　蓝、宋炳颖、汪承德、王丹萍、李　蕊、关　鹏、朱奕帆、张颖文

朱晓明

2015年11月1日

复旦版中欧经管图书精品书目

1.《商业趋势与科技创新案例集》

朱晓明

定价：48.00 元

ISBN 978-7-309-11944-2

2.《初创者——致青年创业者的信》

［西班牙］佩德罗·雷诺

定价：36.00 元

ISBN 978-7-309-11903-9

3.《微笑曲线——缔造永续企业的王道》

施振荣

定价：40.00 元

ISBN 978-7-309-10317-5

4.《蓝色经济》

［比］冈特·鲍利

定价：36.00 元

ISBN 978-7-309-08540-2

5.《要素品牌战略——B2B2C 的差异化竞争之道》

［美］菲利普·科特勒、［德］瓦德马·弗沃德

定价：38.00 元

ISBN 978-7-309-07578-6

6.《赚多少才够——财富与幸福的哲学》

［澳］艾伦·艾贝、［澳］安德鲁·福特

定价：30.00 元

ISBN 978-7-309-07810-7

7.《中国市场领导力——100 位经理人的实战告白》

李秀娟

定价：28.00 元

ISBN 978-7-309-07825-1

8.《中国 ShEO——“她时代”下的商界女性素描》

李秀娟

定价：35.00 元

ISBN 978-7-309-08445-0

图书在版编目(CIP)数据

商业趋势与科技创新案例集/朱晓明编著. —上海:复旦大学出版社,2016.1(2016.7 重印)
(中欧经管图书)
ISBN 978-7-309-11944-2

Ⅰ. 商… Ⅱ. 朱… Ⅲ. ①商业经济-经济发展趋势-案例-汇编②企业管理-技术革新-案例-汇编
Ⅳ. ①F7②F273.1

中国版本图书馆 CIP 数据核字(2015)第 272992 号

商业趋势与科技创新案例集
朱晓明 编著
责任编辑/孙程姣

复旦大学出版社有限公司出版发行
上海市国权路 579 号 邮编:200433
网址:fupnet@fudanpress.com http://www.fudanpress.com
门市零售:86-21-65642857 团体订购:86-21-65118853
外埠邮购:86-21-65109143
上海市崇明县裕安印刷厂

开本 787×1092 1/16 印张 14 字数 170 千
2016 年 7 月第 1 版第 2 次印刷

ISBN 978-7-309-11944-2/F·2219
定价:48.00 元